救いの源流

浄土真宗の教えと本願寺

大田利生
Ohta Risho
岡村喜史
Okamura Yoshiji
清岡隆文
Kiyooka Ryubun

本願寺出版社

救いの源流

—浄土真宗の教えと本願寺—

はじめに

主に浄土真宗本願寺派の僧侶の育成を目的として設立された専門学校に、中央仏教学院があります。この学院のカリキュラムの一つである通信教育では、全国各地の多くの方々が、生活の場において多忙な時間を割いて、継続して学んでくださっています。受講生の年齢も幅広く、その立場もさまざまです。そのような方々を対象に刊行されている月報（一年に十二回発行）が『学びの友』です。したがってその掲載文は、それらの諸事情を考慮して執筆することが願われています。

近年、一年を通して毎号連続して掲載された中から、執筆者相互の了解のもとに、出版の運びとなったのが本書です。

この書をひらいて、気軽に読み進むことができないと戸惑われるかもしれません。しかし学習教材として利用されることで、これだけはしっかり押さえてほしいポイントをはずさずに、記述されています。

その内容は、

㈠　浄土真宗の基盤となる「浄土三部経」

(二)　浄土真宗の成立と本願寺

(三)　蓮如上人とその教学

です。

本書の刊行にあたっては、中央仏教学院のご理解と本願寺出版社のご協力をいただけたことに、厚く御礼申しあげます。

二〇一九（令和元）年十一月

清岡隆文

『救いの源流――浄土真宗の教えと本願寺――』目次

第三章　蓮如上人の生涯とその教え

清岡隆文

＊聖教の引用については、
『浄土真宗聖典（註釈版）第二版』は『註釈版聖典』
『浄土真宗聖典（七祖篇）註釈版』は『註釈版聖典（七祖篇）』
と略記しています。

第一章　「浄土三部経」に学ぶ

大田利生

『仏説無量寿経』―救いの源

説法の会座

第一章では、浄土真宗の根本経典である「浄土三部経」の概略について学んでいきましょう。

経典を学ぶ際にいつもこころに浮かぶことばは、善導大師《ぜんどうだいし》の『観経疏《かんぎょうしょ》』序分義《じょぶんぎ》の文です。そこには、

経教《きょうきょう》はこれを喩《たと》ふるに鏡《かがみ》のごとし。しばしば読《よ》みしばしば尋《たず》ぬれば、智慧《ちえ》を開発《かいほつ》す。（『註釈版聖典（七祖篇）』三八七頁）

と示されます。経典とそこに説き明かされる教えがちょうど鏡に喩えられ、鏡に自らの姿を映すように、経典を何度も読みながら深いこころを身をもって尋ねて

いくならば、やがて智慧の世界が開かれていくと、このようにうかがわれます。短いことばですが、大切に時折想い出しながら、読み進めていきたいと思います。

さて「浄土三部経」ですが、最初から一まとまりとして成立したものではありません。「浄土三部経」という呼称は法然聖人《ほうねんしょうにん》によってはじめてなされ、親鸞聖人もそれを受け継がれます。阿弥陀仏を讃ずる経典は多いのですが、もっぱら阿弥陀仏と浄土に関して説かれる経典は、三部経以外にはありません。「浄土三部経」とはよく知られているように、『仏説《ぶっせつ》無量寿経《むりょうじゅきょう》』『仏説観《ぶっせつかん》無量寿経《むりょうじゅきょう》』『仏説《ぶっせつ》阿弥陀《あみだ》経《きょう》』です。このうち、『仏説無量寿経』（以下、『無量寿経』あるいは『大経《だいきょう》』と略記）についてその内容を尋ねながら、味わっていくことから始めたいと思います。

さて経典の冒頭には、共通して「我聞如是《がもんにょぜ》」からはじまる常套句《じょうとうく》がおかれます。この「我聞如是」（われ聞《き》きたてまつりき、かくのごとく。『註釈版聖典』三頁）は、他の漢訳による異本によっては「如是我聞」とするものもあり、細かい問題もありますが、いまはそれをひかえることにします。いずれにしても「私はこのように聞かせていただいた」という最初のことばは、阿難《あなん》が釈尊の説法に対する聞と信をあらわす重要な意味をもつものです。続いて、説法の時・場所が示され、説法される釈尊とそれを聞く聴衆が登場されます。いわゆる「六事成就《ろくじじょうじゅ》」という場面が整うことになります。とくに、大比丘衆《だいびくしゅ》万二千人を前に説法されたとあり、そこに三十一人の尊者と十八人の菩薩が列記されています。有名な五比丘をはじめ十八弟子など、著名な僧団のリーダー的な人物が揃い、続いて多くの菩薩たちが集っておられます。

このように、あらゆる弟子、菩薩を聴衆とされていることは、聞き手に簡《えら》びがないということだといえます。換言すれば、すべての聴衆を受け入れるということだといえましょう。

ところで、それら菩薩たちは、

みな普賢大士《ふげんだいし》の徳《とく》に遵《したが》へり。
（『註釈版聖典』四頁）

と、無量の行願を身につけた方々であるといわれます。さらに、釈尊八相の成道について述べられ、聴衆の徳をそれによせて示されることになります。このように菩薩の上に釈尊八相成道を重ねることは、法を説く者と聴く者とが一体であることを示そうとされる意趣が読みとれます。

さて、説法の会座《えざ》に集った多くの比丘、菩薩衆の中から、一人阿難が立ちあがり、釈尊のおこころを受けて申します。

今日世尊《こんにちせそん》、諸根悦予《しょこんえつよ》し、姿色清浄《ししきしょうじょう》にして光顔巍々《こうげんぎぎ》とましますこと、明浄《みょうじょう》なる鏡《かがみ》の影《かげ》、表裏《ひょうり》に暢《とお》るがごとし。

（『同』八頁）

いまだかってない釈尊の瑞相《ずいそう》に、阿難は大きな感動を覚えています。その容姿は、くもりのない鏡に映るすがたが透きとおっているかのようである、となぞらえておられます。また、そのような釈尊のお姿を五つの徳によってあらわされています。古来、「五徳瑞現《ごとくずいけん》」といわれるのがそれです。奇特の法・仏の所住・導《どう》師《し》の行・最勝の道《どう》・如来の徳、というすぐれた境地におられるということです。続いて、釈尊が阿難に「そなたのことばは諸天の教えるところか、自らの慧見《えけん》によるものか」と尋ねられ、それに対して阿難は、「自身の所見によるものだ」と答えます。そして、釈尊は阿難のことばをほめ讃えておられます。ここに、はじめて対話の形式で『無量寿経』が説き示されています。このことについては、後にもこのような対話の形で説かれることがありますので、そのときに詳しく触れることにします。いずれにしても、『無量寿経』は対話を軸として展開しているともいえましょう。

さて、つぎに「出世本懐《しゅっせほんがい》」といわれる、釈尊がこの世におでましになった本意について示される有名な文があります。

如来《にょらい》、無蓋《むがい》の大悲《だいひ》をもつて三界《さんがい》を矜哀《こうあい》したまふ。世《よ》に出興《しゅっこう》するゆゑは、道《どう》教《きょう》を光闡《こうせん》して、群萌《ぐんもう》を拯《すく》ひ恵《めぐ》むに真実《しんじつ》の利《り》をもつてせんと欲《おぼ》してなり。

（『同』九頁）

（如来はこの上ない慈悲の心で迷いの世界をお哀れみになる。世にお出ましになるわけは、仏の教えを説き述べて人々を救い、まことの利益《りやく》を恵みたいとお考えになるからである。『浄土三部経（現代語訳）』一四頁）

この文は、釈尊はこの上ない大きな慈悲によって迷いの世界を哀れみ、仏の教えを広めて群萌に真実の利を施すために出現された、という意に受けとれます。ここでは釈尊出世の意義が明かされ、つぎにその内容を詳述するのは、本論（正《しょう》宗分《しゅうぶん》）に入ってからということになります。

いまは序説（序分《じょぶん》）について、概略を以上のようにうかがうことができます。

法蔵菩薩

『無量寿経』が浄土経典として成り立つためには、いくつかの構成要素を必要とし、それらがそなわるとき、はじめて経典としての生命が与えられることになります。

いま、法蔵菩薩《ほうぞうぼさつ》を述べる一段もその一つといえますが、ここは、とくに『無量寿経』の根幹をなす部分といってよく、親鸞聖人は、これを「正信偈《しょうしんげ》」(「正信念仏偈」)に経典の文にそって八句にまとめ、法蔵菩薩を讃詠されます。

ただ経典の構成を考えるとき、全体が同時的に成立したか否かという議論もありますが、いまはその問題は頭の外において、早速、法蔵菩薩の話に入らなければなりません。そこで、経典ではどのように説き示しているのかをうかがうことにします。

『無量寿経』では、本論に入っていきなり法蔵菩薩について語るのではなく、まず、五十三仏の系譜から述べていきます。はじめに、錠光如来《じょうこうにょらい》がはるか昔の世に興出せられ、限りなく多くの衆生を教え導きさとりに入らしめて、滅度《めつど》をとられたと説きます。そして、光遠《こうおん》・月光《がっこう》……と過去仏が続き、最後に世自在王仏《せじざいおうぶつ》がおでましになるという流れです。

ところで、その仏たちの名前をじっとみていますと、光に関係する仏の多いことに気づきます。このことが意味することについて、私はこのように味わいます。遠い過去より闇を照らし続ける仏の光によって私たちはお育てを蒙り、それによって、いま阿弥陀如来に遇《あ》わせていただくことができたのでした。また、法蔵菩薩の本願は、遥遠なる過去よりすでに発されていたのでありました、と五十三仏のこころをうかがうこともできます。

このように経典をみていきますと、親鸞聖人の『教行信証《きょうぎょうしんしょう》』総序《そうじょ》の、

遇《あ》ひがたくしていま遇《あ》ふことを得《え》たり、聞《き》きがたくしてすでに聞《き》くことを得《え》たり。

（『註釈版聖典』一三二頁）

という文が、一層身にいただけます。

さて、続いて『無量寿経』では、過去仏の最後、世自在王仏のもとで、その説法を聞いた国王が感激し、無上正真道《むじょうしょうしんどう》の意《こころ》（菩提心）を発《おこ》して、

国《くに》を棄《す》て王《おう》を捐《す》てて、行《ぎょう》じて沙門《しゃもん》となる。号《ごう》して法蔵《ほうぞう》といふ。

（『註釈版聖典』一一頁）

と、沙門となり法蔵と名のったとあります。

これは、釈尊のライフヒストリーの反映とも、あるいは当時、東アジアでは王権制度が確立したことにより、その影響であるとの意見もあります。それはともかく、『無量寿経』は、法蔵菩薩が偈頌《げじゅ》（「讃仏偈《さんぶつげ》」）をもって世自在王仏の徳を讃歎されます。

それといま一つ、世自在王仏だけに仏の十号が付されていることも見逃すこと

はできません。それは、如来・応供《おうぐ》・等正覚《とうしょうがく》・明《みょう》行足《ぎょうそく》・善逝《ぜんぜい》・世間解《せけんげ》・無上士《むじょうじ》・調御丈夫《じょうごじょうぶ》・天人師《てんにんし》・仏《ぶつ》・世尊《せそん》をさします。その一々に説明を加える余裕はありませんが、世自在王仏が特別勝《すぐ》れた仏であることを示そうとする意図がうかがわれます。

偈を説き終えた法蔵菩薩は、世自在王仏に向かって、「すべての衆生を一人のこらず救うための経法を教えてください」との願いを表明されます。それに対し返ってきたことばは、「なんぢみづからまさに知《し》るべし」(『註釈版聖典』一四頁)でした。しかし、菩薩はなお、お述べくださいと、その思いを強くしていきます。その高明な志を知られた世自在王仏は、菩薩のために経を説かれるという内容に入っていきます。

そのとき、世自在王仏は一つの譬喩を用いて、法蔵菩薩を励まされます。それは、大海の水も何劫《なんこう》という時間をかけ枡《ます》で汲み干すなら、海底にある妙宝を得ることができるように努力しなさい、という語りかけです。続いて、二百一十億の諸仏、そこに住む人・天の善悪、国土の優劣を見せられた法蔵菩薩は、殊勝の願を発し、五劫《ごこう》の思惟を経て、荘厳すべき仏国土とそこに生まれるための行を選びとられた、と経典には説かれています。そして、やがて世自在王仏に促されて、法蔵菩薩は四十八願を建立されることになります。

このように、法蔵菩薩について説示されますが、この中で、世自在王仏と法蔵菩薩の問答（対話と表現します）に視点をあてますと、互いに褒めあっている姿を感じることができます。そこには、師を敬い弟子の力をみとめていくというこころを読みとることができます。

また、五劫の思惟とは、はかり知ることのできない時間をかけた思惟ですが、なぜ、それほどの思惟を要したのでしょう。また、なぜ永劫《ようごう》の修行を重ねなければならなかったのでしょうか。思うに、仏になれない私を仏にするには、すなわち、不可能を可能にしていくためには、通常の努力でなし遂げられるはずはありません。先哲もそのようにいっておられます。

また、二百一十億の仏国の中から勝れたものを選ぶということも大事な問題で、「選択本願《せんじゃくほんがん》」というテーマで議論されるところです。選択には選捨《せんしゃ》と選取《せんしゅ》の二義があるという法然聖人の説明を味わってみたいものです。なお親鸞聖人が『一念多念文意《いちねんたねんもんい》』に、

一如宝海《いちにょほうかい》よりかたちをあらはして、法蔵菩薩《ほうぞうぼさつ》となのりたまひて

（『註釈版聖典』六九〇頁）

と示される文も、法蔵菩薩をうかがう上で重要なところです。

本願のこころ

つぎに、四十八願についてうかがってみましょう。

この上ないさとりに向かってこころを起こし、それにともなって誓願を立てて

いくのが、菩薩の基本の姿です。『無量寿経』では、先に述べたように、一国王が沙門となって法蔵と名のり、世自在王仏との問答（対話）を挟んで、やがて四十八願が説かれていくという展開を辿ります。

ただ、本願を説く経典は『無量寿経』だけではありません。いま、頭に浮かぶだけでも、『阿閦仏国経《あしゅくぶっこくきょう》』における阿閦仏の本願、薬師如来が菩薩であったときの十二の大願、釈迦如来の五百大願、『悲華経《ひけきょう》』における無諍念王《むじょうねんおう》の四十八願、〈般若経《はんにゃきょう》〉における菩薩の願いなどがあげられます。これら諸仏・菩薩の願いに目を向けますと、逆に阿弥陀仏の本願の特色が知らされてきます。それは、阿閦仏の本願のほとんどが自利の本願であることを知れば、阿弥陀仏の本願が利他でまとまっていることがはっきりしてくるということです。したがって、本願の違いによって、それぞれがどのような如来であるかということが明らかになります。

ただ、阿弥陀仏の本願のばあい、第十二願・第十三願の「光明無量の願」「寿命無量の願」、それに第三十一願・第三十二願の国土に関する願は、阿弥陀仏自らの願いですから、一見自利の願いに配当されることになりそうです。しかし、浄土は衆生をそこに生ぜしめるために荘厳されたものとすれば、やはり利他の範《はん》疇《ちゅう》に入ることになります。また、第十二願・第十三願についても智慧《ちえ》と慈悲の阿弥陀如来となって、その徳が名号《みょうごう》となり一切衆生に届けられていると考えれば、やはり利他の願として扱うことができるわけです。このようにみていきますと、四十八願全体を利他の願に摂めることができます。

さて、阿弥陀仏の四十八願を経典によるかぎり、とくにこの願を中心にということは出てきません。しいて言えば、第一願の「無三悪趣《むさんまくしゅ》の願《がん》」に重要性を認めるということがあったと言えなくはありません。ただ、『無量寿経』には、本願文と同時に本願成就文が説かれます。本願文は法蔵菩薩の誓いで仏の側に位置づけられ、本願成就の文は本願が成就したことを告げられる釈尊のことばとして、衆生の側に配せられることになります。また、成就ということばについては、よく知られている曇鸞大師《どんらんだいし》の説明によって、その内容を味わうことができます。すなわち曇鸞大師は、願いは願いのままに終わらず、それを実現させる力が相符《そうふ》（相応）することが成就ということだ、と述べられています。

ともかく、本願文と本願成就文の関係は、本願文があって本願成就文がありますが、同時に、本願成就文があって本願文は願文としての意義を発揮するということです。別な言い方をしますと、如来は衆生とかかわることによってはじめて如来たりえることになります。

ところで、四十八願の中で第十八願を「本願中の王」といわれたのは、法然聖人でした。親鸞聖人も「選択本願」といわれ、第十八願に四十八願が帰一することを明らかにされました。その願文を掲げてみますと、

たとひわれ仏《ぶつ》を得《え》たらんに、十方《じっぽう》の衆生《しゅうじょう》、至心信楽《ししんしんぎょう》してわが国《くに》に生《しょう》ぜんと欲《おも》ひて、乃至十念《ないしじゅうねん》せん。もし生《しょう》ぜずは、正覚《しょうがく》を取《と》らじ。ただ五逆《ごぎゃく》と誹謗《ひほう》正《しょう》法《ぼう》とをば除《のぞ》く。

（『註釈版聖典』一八頁）

と誓われます。これを『無量寿経』の諸異本と比較しますと、これほど内容が明解で整った文はありません。それはともかく、『親鸞聖人御消息』第一通に、

選択《せんじゃく》本願《ほんがん》は浄土《じょうど》真宗《しんしゅう》なり

（『同』七三七頁）

といわれるように、浄土真宗とは第十八願の法義に名づけられた名前であるといえます。

その第十八願には、「至心《ししん》信楽《しんぎょう》欲生《よくしょう》我国《がこく》」という信心、「乃至《ないし》十念《じゅうねん》」の念仏、「若不生者《にゃくふしょうじゃ》不取正覚《ふしゅしょうがく》」と浄土に生まれることの、三つが誓われています。そのばあい、本願・名号のいわれを信じることも、お念仏申すことも、浄土に生まれることも、すべて如来のはたらきであると、親鸞聖人は受けとっていかれました。本願を磁石に喩えられますが、私が信じ念仏申しているままが磁石（本願）に吸いつけられている姿といえます。

いま、本願文と本願成就文について述べましたので、第十八願成就文を示しておきましょう。

あらゆる衆生《しゅじょう》、その名号《みょうごう》を聞《き》きて信心歓喜《しんじんかんぎ》せんこと、乃至一念《ないしいちねん》せん。至心《ししん》に回向《えこう》したまへり。かの国《くに》に生《うま》れんと願《がん》ずれば、すなはち往生《おうじょう》を得《え》、不退《ふたい》転《てん》に住《じゅう》せん。ただ五逆《ごぎゃく》と誹謗正法《ひほうしょうぼう》とをば除《のぞ》く
（『註釈版聖典』四一頁）

ここに、真宗教義の要になる内容が示されています。いま詳しい説明をする余裕はありませんが、最初に「諸有衆生《しょうしゅじょう》　聞其名号《もんごみょうごう》」（あらゆる衆生、その名号を聞きて）と、願文では何を信じるのかはっきりしていなかったことが、ここに名号のいわれを聞く（信じる）ことだと説示されています。

親鸞聖人は、とくに本願成就文に注意をはらわれたとうかがわれます。その関係から、『無量寿経』の異本の中で『如来会《にょらいえ》』をとくに重用されますが、その理

由は、『如来会』には本願成就文がきちっと整って説かれているからだと考えられるからです。

阿弥陀仏と浄土

先に、法蔵菩薩の本願についてそのこころをうかがってきましたが、経典では続いて、菩薩の修行の一段を展開していきます。ここには、はかり知ることのできない長い年月をかけた修行が記され、そのことが、

不可思議《ふかしぎ》の兆載永劫《ちょうさいようごう》において、菩薩《ぼさつ》の無量《むりょう》の徳行《とくぎょう》を積植《しゃくじき》して

(『註釈版聖典』二六頁)

と表現されています。

そのはじめには、国土を麗《うやうや》しくととのえることにひたすら励み、仏国が建立さ

れたことが示されています。そして、長い修行を重ね、その結果、法蔵菩薩は成仏され阿弥陀仏になられた、という内容が説き示されています。ついで、阿難と釈尊の問答がおかれますが、

法蔵菩薩《ほうぞうぼさつ》、いますでに成仏《じょうぶつ》して、現《げん》に西方《さいほう》にましします。ここを去《さ》ること十《じゅう》万億刹《まんおくせつ》なり。その仏《ぶつ》の世界《せかい》をば名《な》づけて安楽《あんらく》といふ（中略）成仏《じょうぶつ》よりこのかた、おほよそ十劫《じっこう》を歴《へ》たまへり。　（『同』二八頁）

とあります。『無量寿経』の中でもひときわ光彩を放つ一節といえます。

まず、私たちが阿弥陀仏について説明しようとするときには、最初にアミターバ（無量光）・アミターユス（無量寿）と、しばしばその二つの原名（サンスクリット語）を口にいたします。この二つの名前は、もともと別個のものとして流れを異にしていましたが、浄土経典においてひとつになり、その音写語が阿弥陀で

あるといわれています。したがって、阿弥陀仏というときには、二つの別の語が同一視されているということです。

本願にも、「光明無量の願」「寿命無量の願」が誓われています。また、阿弥陀仏が光明によって説明され、寿命無量の仏としてあらわされます。阿弥陀仏の異名として、

無量光仏《むりょうこうぶつ》・無辺光仏《むへんこうぶつ》・無礙光仏《むげこうぶつ》・無対光仏《むたいこうぶつ》・焔王光仏《えんのうこうぶつ》・清浄光仏《しょうじょうこうぶつ》・歓喜光仏《かんぎこうぶつ》・智慧光仏《ちえこうぶつ》・不断光仏《ふだんこうぶつ》・難思光仏《なんじこうぶつ》・無称光仏《むしょうこうぶつ》・超日月光仏《ちょうにちがっこうぶつ》

（『註釈版聖典』二一九頁）

と十二光があげられていることは、よく知られるところです。

つぎに、

この光《ひかり》に遇《あ》ふものは、三垢消滅《さんくしょうめつ》し、身意柔軟《しんいにゅうなん》なり。歓喜踊躍《かんぎゆやく》して善心生《ぜんしんしょう》ず。

（同頁）

の文がみられます。これは、第三十三願の成就文とみなされますが、慈悲としての面が光にあらわされているとうかがわれ、浄土教の特色を示しているといえます。それは、一般に光は智慧をあらわすと考えられているからです。

ところで、この智慧の光、慈悲をあらわす光について説明することは、極めてむつかしいことというより不可能といえましょう。物理的な光であれば、粒子と考え、波動と考え、電磁波の現象とも解釈されます。しかし、私は阿弥陀仏の光について、光に遇うということは、見えなかったものが見えてくる、知らなかったことが知らされる、気づかなかったことに気づかされる、というように味わっています。光に遇うということは闇を見ているということでしょう。逆に、闇をよく見るものは光を見るといえます。

親鸞聖人は、晩年にいたられるほど、光に包まれ光に浴して生きられた方のように思われます。それは、最晩年の著述『弥陀如来名号徳』にも、十二光の説明がなされていることからうかがわれることです。

さて、浄土について経典はどのように明かしていくのでしょうか。黄金の大地や、七宝《しっぽう》の樹木、迦陵頻伽《かりょうびんが》の微妙な快楽《けらく》の音、八功徳水《はっくどくすい》の甘露《かんろ》、百味《ひゃくみ》の飲食《おんじき》など、すべて感覚的な快楽として説かれています。

しかし、これらの説明のあとには、

かの仏国土《ぶっこくど》は、清浄安穏《しょうじょうあんのん》にして微妙快楽《みみょうけらく》なり。無為泥洹《むいないおん》の道《どう》に次《ちか》し。

（『註釈版聖典』三七頁）

とか、あるいは、

みな自然虚無《じねんこむ》の身《しん》、無極《むごく》の体《たい》を受《う》けたり　（同頁）

と、仏教的なことばで浄土をあらわそうとされています。また、先の十二光があげられる前には、浄土について、

ここを去《さ》ること十万億刹《じゅうまんおくせつ》なり。　（『同』二八頁）

とありました。これらは、浄土はさとりの世界だということを示すものといえます。

しかし、浄土も阿弥陀仏も、じっと固然として西方にあるというものではありません。「無相の相」ということばがあります。それは、さとりの世界は常に私のところに来たり、はたらきつづけてくださっているということをあらわすことばと受けとっています。そのことは、浄土が『無量寿経』では「遥かかなた」（十

万億刹）といいながら、『観無量寿経』では「此《ここ》を去《さ》ること遠《とお》からず」（『註釈版聖典』九一頁）といって、近いともいわれることと重なります。遠いといっても近いといっても、どちらもありがたいといった方もおられます。単に距離の問題でもなく、また楽しい世界だから行こうということではないということです。

いま、経典をみていきますと、浄土が如来の願心《がんしん》によって荘厳されたという意が読みとれます。もっとも「願心荘厳」の思想は、『浄土論』『往生論註《おうじょうろんちゅう》』といった経典の註釈書に顕著にあらわれてきますが、すでに経典の上にもみられます。通常、荘厳するといえば、美しく飾るという意に解されますが、原語ヴューハ（vyūha）には、直接そのような意味はでてきません。いずれにしても、浄土が願心によって荘厳されるとはどういうことか、大きな課題に思えてきます。

親鸞聖人が、

つつしんで真仏土《しんぶつど》を案《あん》ずれば、仏《ぶつ》はすなはちこれ不可思議光如来《ふかしぎこうにょらい》なり、土《ど》は

　またこれ無量光明土《むりょうこうみょうど》なり。

（『註釈版聖典』三三七頁）

と述べられるこころを改めて味わってみたいものです。

第十八願成就文のこころ

『無量寿経』には主に本願文と本願成就文が説かれていますが、先に両者の関係とそれぞれのもつ意義について触れてきましたので、ここではとくに第十八願成就文にスポットをあて、その内容についてのこころをうかがい、味わっていきたいと思います。

　はじめに、第十八願成就文について覚如上人が、

　『大経《だいきょう》』のなかには第十八《だいじゅうはち》の願《がん》をもつて本《ほん》とす。十八《じゅうはち》の願《がん》にとりては、また願成就《がんじょうじゅ》をもつて至極《しごく》とす。

（『改邪鈔』、『註釈版聖典』九二〇頁）

と述べられていることを記して、内容に入ってまいりましょう。

まず、本願成就文が経典の上で説かれるのは、下巻のはじめにあたります。私たちは、成就文といいますと第十八願成就文を頭に浮かべますが、ここでは、第十一願・第十七願・第十八願と、三願の成就文が一連に説かれています。このように、三つの成就文が一カ所に説かれているということは、そこに有機的な関係を思わしめるものがあります。一方、第十九願・第二十願の成就文がみられないことは、第十八願が最も重要視されていたことをうかがわせるものです。これは成就文の有無からの判断ですが、そのような見方も可能でしょう。

これら三願の成就文について少し述べますと、浄土に生まれた者はすべて正定聚《しょうじょうじゅ》に住しており、邪定聚《じゃじょうじゅ》・不定聚《ふじょうじゅ》の者はいないというのが、第十一願、およびその成就文が説く浄土の世界、とくに往生人のすがたです。そのような勝れた浄土にどのようにして往生できるのかということが、つぎの第十七願・第十八願の成就文です。それは一言でいえば、諸仏の讃歎する名号を聞信することが往生の因となるのです。このようにみていきますと、三願成就文がひとつにまとめて説かれる意図が理解されてきます。

ところで、本願が成就するとは、どのようなことをいうのでしょうか。それは、本願が本願のとおりにはたらき出る力をそなえていくということです。本願成就の名号といわれますように、本願が救いのはたらきをそなえたすがたが名号です。したがって、本願の名号・誓願の名号ともいわれ、名号とは誓願を内容とし、その誓願のとおりに衆生に躍動しつつあるものですから、「本願招喚《ほんがんしょうかん》の勅命《ちょくめい》」（『教行信証』行文類、『註釈版聖典』一七〇頁）といわれるのです。また、「正信偈」の、

本願名号正定業《ほんがんみょうごうしょうじょうごう》　（『日常勤行聖典』一〇頁）

（本願《ほんがん》の名号《みょうごう》は正定《しょうじょう》の業《ごう》なり。『註釈版聖典』二〇三頁）

といわれる一句も、私の往生は誓いのとおりに成就された名号によって聞かせて

いただくということをあらわされたものです。

第十八願成就文についてはすでにその文を示しましたが、やはり「聞其名号（その名号を聞きて）」の聞くということの意味が重要です。浄土真宗のご法義で最も大切なことは、ご本願を聞かせていただくことだ、あるいは、ただ聞くだけでいいとも申します。しかし、そのようにいわれても、何をどのように聞くのかがはっきりしていなければなりません。聞く態度については、漢訳本より、サンスクリット本の方が丁寧に説かれているようです。それはともかく、聞くということは成就文に限らず、『無量寿経』往覲偈《おうごんげ》には、

もし〔法《ほう》を〕聞《き》かば精進《しょうじん》して求《もと》めよ。

（『註釈版聖典』四七頁）

とか、

法《ほう》を聞《き》きてよく忘《わす》れず　（同頁）

等と、また本願文自体にも、とくに第三十六願以降には「聞我名号〈名字〉」（わが名号〈名字〉を聞きて）と説き示されています。

一方、このように名を聞くということと同時に、光明を聞くということも往生の因として説き示されています。阿弥陀仏を光明であらわすことは特徴的ですが、『無量寿経』では光明の威神功徳《いじんくどく》を説き、その無量寿仏の威神功徳不可思議を第十七願・第十八願成就文では名号と受けているのですから、名号も威神功徳であると説明されることになります。こうして、光明と名号とは不二の関係にあることになります。ここに、

光明《こうみょう》名号《みょうごう》顕《けん》因縁《いんねん》　（『日常勤行聖典』一二九頁）

（光明《こうみょう》・名号《みょうごう》因縁《いんねん》を顕《あらわ》す。『註釈版聖典』二〇六頁）

と、「正信偈」に詠われる根拠があるといえます。

さて、この聞について第十七願・第十八願成就文にかえって考えるとき、親鸞聖人は、

しかるに、『経《きょう》』（大経・下）に「聞《もん》」といふは、衆生《しゅじょう》、仏願《ぶつがん》の生起《しょうき》本末《ほんまつ》を聞《き》きて疑心《ぎしん》あることなし、これを聞《もん》といふなり。（『註釈版聖典』二五一頁）

と釈されます。聞くとは、如来の本願が起こされた理由を知り、また、本願によって救われていくことに疑いのこころをさしはさまず、受け入れていくことであると述べられるのです。

また、親鸞聖人は、「聞其名号」について『一念多念文意』にも解釈されます（『註釈版聖典』六七七―六七八頁）。いま、すべてにわたって味わう余裕がありませんが、そこに浄土真宗の教えが凝縮されているといえます。とくに至心回向《ししんえこう》については、

至心を如来の真実とされ、

本願《ほんがん》の名号《みょうごう》をもつて十方《じっぽう》の衆生《しゅじょう》にあたへたまふ御《み》のりなり。

（『註釈版聖典』六七八頁）

といわれています。また「即得往生《そくとくおうじょう》」については、もと『仏説観無量寿経』（以下、『観無量寿経』あるいは『観経《かんぎょう》』と略記）のことばである「摂取不捨《せっしゅふしゃ》」（摂取《せっしゅ》して捨《す》てたまはず『註釈版聖典』一〇二頁）の語と合わせ、現生《げんしょう》で正定聚の位につくことであるとされました。

親鸞聖人のことばに従って、本願成就の文を味わっていきたいと思います。

釈尊の勧誡と付属

『無量寿経』下巻を読みすすめていきますと、上巻とは違った趣きの展開をみることができます。それは、すでに述べましたように、本願文と本願成就文との違いの上にもあらわれています。さらに、下巻後半部分に至りますと、序文から説き示された阿弥陀仏とその世界、そして往生についての教説内容から急転直下、現実世界に眼が向けられていくという部分に出会います。

それは「三毒《さんどく》・五悪段《ごあくだん》」、あるいは「悲化段《ひけだん》」と呼ばれる一段です。この悲は人間の悲しみをいうのではなく、したがって「悲化段」とは釈尊が大悲をもって教化する一段という意味があります。経典全体の四分の一を占める長い内容です。かつては、結語（流通分《るずうぶん》）とみなす段落の取り方もありました。もちろん、そのように理解するにはそれなりの理由があります。たとえば、そのはじまりが、

仏《ぶつ》、弥勒菩薩《みろくぼさつ》ともろもろの天《てん》・人等《にんとう》に告《つ》げたまはく（『註釈版聖典』五三頁）

とあるように、それまでは阿難を対告衆《たいごうしゅう》として説かれてきたものが、突如、弥《み》

勒《ろく》菩薩に変わっていることも、その理由の一つです。また、弥勒菩薩を対告衆とすることの意味についても、従来から論じられています。この対告衆が変わるということは、経典成立史の観点からいいましても、注意すべき問題を含んでいるといえます。

さて、経典全体からみれば、阿弥陀如来の救いを説くことを目的とする中で異質にみえる「三毒・五悪段」、そしてそれに続く「胎化段《たいけだん》」といわれる一段、最後の結語（流通分）は、内容的に注目されるところです。

まず、「三毒・五悪段」ですが、直接、貪欲《とんよく》・瞋恚《しんに》・愚痴《ぐち》の煩悩について述べる前に、総説、あるいは全体にかかる文として扱われる一節があります。これが、

仏《ぶつ》、弥勒菩薩《みろくぼさつ》ともろもろの天《てん》・人等《にんとう》に告《つ》げたまはく、（中略）寿《いのち》の楽《たの》しみ極《きわ》まりあることなかるべし。

（『註釈版聖典』五三―五四頁）

の部分です。頌文を読むような調子の文ですが、親鸞聖人はこの文に注目されています。たとえば、「易往而無人《いおうにむにん》」（往《ゆ》き易《やす》くして人《ひと》なし。『註釈版聖典』五四頁）については、『尊号真像銘文《そんごうしんぞうめいもん》』に、

「易往而無人《いおうにむにん》」といふは、「易往《いおう》」はゆきやすしとなり、本願力《ほんがんりき》に乗《じょう》ずれば本願《ほんがん》の実報土《じっぽうど》に生《うま》るること疑《うたがい》なければ、ゆきやすきなり。「無人《むにん》」といふはひとなしといふ、人《ひと》なしといふは真実信心《しんじつしんじん》の人《ひと》はありがたきゆゑに実報土《じっぽうど》に生《うま》るる人《ひと》まれなりとなり。

（『註釈版聖典』六四七頁）

と釈されています。

「三毒・五悪段」の一段には、一体何が説かれているのでしょうか、先哲によっても見方はさまざまです。いま十分説明する余裕はありませんが、貪欲・瞋恚・愚痴によって引き起こされる悩み、苦しみの様子が述べられています。また五段

に分けて、人間のあさましい悪業《あくごう》による苦しみの様相が詳細に述べられています。とくに「三毒・五悪段」が説かれる目的については、五悪の行われている人間世界で、善をなさしめることにあったと考えることができます。それは、

一心《いっしん》に意《こころ》を制《せい》し、身《み》を端《ただ》しくし行《おこな》ひを正《ただ》しくして、独《ひと》りもろもろの善《ぜん》をなして衆悪《しゅあく》をなさざれば、身独《みひと》り度脱《どだつ》して、その福徳《ふくとく》・度世《どせ》・上天《じょうてん》・泥洹《ないおん》の道《どう》を獲《え》ん。これを一《ひと》つの大善《だいぜん》とす（『註釈版聖典』六四頁）

という文にあらわれています。ここで、三毒・五悪の諸説にわたって、とくに印象深くこころにひびく文をあげますと、

田《た》あれば田《た》に憂《うれ》へ、宅《いえ》あれば宅《いえ》に憂《うれ》ふ。（中略）田《た》なければ、また憂《うれ》へて田《た》あらんことを欲《おも》ふ。宅《いえ》なければまた憂《うれ》へて宅《いえ》あらんことを欲《おも》ふ。

（『註釈版聖典』五四―五五頁）

世間《せけん》愛欲《あいよく》のなかにありて、独《ひと》り生《うま》れ独《ひと》り死《し》し、独《ひと》り去《さ》り独《ひと》り来《きた》る。

（『同』五六頁）

顚倒《てんどう》上下《じょうげ》することは、無常《むじょう》の根本《こんぽん》なり。

（『同』五七頁）

愚痴《ぐち》矇昧《もうまい》にしてみづから智慧《ちえ》ありと以《おも》うて、生《しょう》の従来《じゅうらい》するところ、死《し》の趣《しゅ》向《こう》するところを知《し》らず。

（『同』七〇頁）

などの文があります。いずれも、ひっくりかえっている私の姿に気づかせてくれるものであり、目の覚まされるような思いがいたします。

つぎに、「胎化段」が説かれている意義について、少し触れておくことにします。

「胎化段」には、浄土に生まれる者について胎生《たいしょう》と化生《けしょう》という二つの生まれ方があり、その違いは仏智《ぶっち》を疑うか仏智を信じるかによる、という趣旨のことが説示されています。浄土には胎生という生まれ方はないという議論もありますが、この段では、疑いを誡《いまし》め信を勧めるということを目的として説かれているとうかがうべきでしょう。さらには、聞名《もんみょう》の信心を重視すると、このような表現になると考えてよいと思われます。『無量寿経』が聞名と信を説く経典であることを、改めて確認させられます。

最後に、『無量寿経』の解説を終えるにあたって、付属《ふぞく》について述べておきます。付属ということばは、もともと『無量寿経』にはなく、正確にいいますと「弥勒付属」ということになります。弥勒菩薩に付属されるということには、仏法を永遠に存続せしめるという意味があります。その中には、

仏《ぶつ》、弥勒《みろく》に語《かた》りたまはく、「それかの仏《ぶつ》の名号《みょうごう》を聞《き》くことを得《え》て、歓喜踊躍《かんぎゆやく》

して乃至一念《ないしいちねん》せんことあらん。まさに知《し》るべし、この人《ひと》は大利《だいり》を得《う》とす。（後略）」

（『註釈版聖典』八一頁）

とあり、聞名の信心こそ為得大利《いとくだいり》（大利を得とす）の理由であることが明かされます。これは先に、仏智を疑う者が為失大利（大利を失う）といわれることに対応しています。また、

特《こと》に此《こ》の経《きょう》を留《とど》めて止住《しじゅう》すること百歳《ひゃくさい》せん。

（『同』八二頁）

という教説は、この経典が末法を過ぎてもさらに百年の間（それは永遠に残るものと理解されます）、とどめられていくというものです。続いて、経を聞いて信じることは難《なん》の中の難であることを述べ、最後に多くの菩薩や仏弟子が釈尊の説法を聞いて歓喜したことが述べられて、『無量寿経』は型通りに結ばれます。

『仏説観無量寿経』――人間の姿

王舎城の悲劇

『無量寿経』に続いて、『観無量寿経』の教説に耳を傾けていきましょう。

『観無量寿経』については、ドラマチックな導入部分をもった経典だとか、見《けん》仏《ぶつ》を説く経典群というくくりでみられたり、成立史的にもさまざま議論がなされてきました。また、当麻曼陀羅《たいままんだら》によっても知られているように、その教えは密教絵画によっても紹介されました。多くの人に親近感をもって読まれてきた『観無量寿経』を、私たちも学ぼうとするとき、その理解を助け方向づけてくれる註釈書がどうしても必要になります。それが、善導大師の『観経疏』です。善導大師によって中国浄土教は大成され、私たちはその流れの中で、お念仏の教えに出遇っているのです。

それでは、序説（序分）に説かれる王舎城《おうしゃじょう》の悲劇についてうかがっていきたいと思いますが、それに先だって二つのことを述べておきましょう。一つは、序分は経典が説き始められるにあたってその動機が明らかにされ、本論（正宗分《しょうしゅうぶん》）導入の役割を担う極めて重要な部分です。親鸞聖人は、『観無量寿経』について和讃を詠われますが、九首のうち七首までがこの序分、すなわち王舎城の悲劇の内容です。聖人には、序分を重要視される経典観があったように思われます。

いま一つは、善導大師の序分の見方です。一般的には、序分は証信序《しょうしんじょ》と発起序《ほっきじょ》に分けられますが、大師はその中にもう一つ、化前序《けぜんじょ》というものを立てられます。したがって、『観無量寿経』序分には三つの序があるといわれます。「如是我聞」に続いて、

ひと時《とき》、仏《ぶつ》、王舎城耆闍崛山《おうしゃじょうぎしゃくっせん》のうちにましまして、大比丘《だいびく》の衆《しゅう》、千《せん》二百五《にひゃくご》十人《じゅうにん》と倶《とも》なりき。菩薩三万二千《ぼさつさんまんにせん》ありき。文殊師利法王子《もんじゅしりほうおうじ》を上首《じょうしゅ》とせり。

（『註釈版聖典』八七頁）

とある部分を化前序とみられるのです。このことの意味も重要です。

化前とは、『観無量寿経』の教説以前の教化ということですが、釈尊一代の八万四千の法門をここにあらわそうとされたとみることができます。としますと、善導大師が化前序を設けられたことの意味は、浄土教と一代仏教の間にはっきりと一線を画し、さらには浄土教の独立を表明しているとさえみられるようです。古くから『観無量寿経』は、浄土の教えがはじめてこの世に展開した経典であるといわれます。また、『無量寿経』は法の真実、『観無量寿経』は機《き》（人間）の真実を説く経典であるといわれますが、これらのことと『観無量寿経』に化前序が設けられていることとは無関係ではないでしょう。

王舎城の悲劇ですが、これには背景になる一つの話があります。『観無量寿経』にはみられませんが、善導大師の『観経疏』の中には出てきます。もとは『涅槃《ねはん》経《ぎょう》』などに説かれるもので、それを引用されるのです。詳しくは省略しますが、この悲劇の背景として阿闍世が一方的に悪いのではなく、父・頻婆娑羅王《びんばしゃらおう》に阿闍世をして怨《うら》みを抱かせるような原因を作っていたということが説かれています。

背景の話はそれとして、いまその悲劇についてみていきますと、主な人物として四人が登場します。阿闍世と父・頻婆娑羅王、母・韋提希《いだいけ》、そして提婆達多《だいばだった》です。まず、先哲は、この人物の一人ひとりが私たちの煩悩をあらわしているとみられます。まず、阿闍世は瞋恚によって人を殺す、頻婆娑羅王は貪欲によって人を殺す、韋提希は愚痴によって救われない、提婆達多は五逆謗法をもって仏に反逆する、というように考えることができます。このようにうかがいますと、四人の人物が実際の人のごとく、また、傍観者的態度で悲劇をみていた私ですが、登場人物と私の距離が縮まるような思いがいたします。

つぎに、悲劇の中心人物といえる韋提希夫人の様子ですが、深宮に閉置されて「愁憂憔悴《しゅううしょうすい》」(『註釈版聖典』八九頁)している姿がみえてきます。そして、遥か耆《ぎ》闍崛山《しゃくっせん》の釈尊に、「目連《もくれん》と阿難を遣わしたまえ」と懇願します。なぜ直接、釈尊に「来てください」といわないのかと思うのですが、『観無量寿経』は「釈尊《せそん》は威重《いじゅう》にして」（『同』八九頁）と述べ、ここのところを善導大師は、卑謙《ひけん》（謙遜）して釈尊の来現を求めなかったのだといわれます。しかし、卑謙ということばの中にも韋提希のはからいのこころが潜んでいないとは言い切れません。

結局、釈尊も韋提希の前に立たれることになりますが、そのとき、韋提希は愚痴っぽく訴えます。それを釈尊は黙って聞いておられるだけです。この沈黙の対話こそ、釈尊の慈悲のこころがあらわされているといえます。それは、

われいま極楽世界《ごくらくせかい》の阿弥陀仏《あみだぶつ》の所《みもと》に生《しょう》ぜんことを楽《ねが》ふ。やや、願《ねが》はくは世尊《せそん》、われに思惟《しゆい》を教《おし》へたまへ、われに正受《しょうじゅ》を教《おし》へたまへ（『註釈版聖典』九一頁）

と、こころが転換しているところとうかがうことができます。さらに、釈尊ははじめて口を開いて、

なんぢいま、知《し》れりやいなや。阿弥陀仏《あみだぶつ》、此《ここ》を去《さ》ること遠《とお》からず。（同頁）

と、韋提希に語りかけておられます。

経典には、いろいろな形で対話的表現がみられます。いま、『観無量寿経』に説かれている韋提希に対する釈尊のお姿、そのことばに、私の救われていく道を学び、深く味わっていきたいものです。

定善と散善

つぎに、釈尊はいよいよ韋提希の求めに応じて、阿弥陀仏およびその世界を観《かん》察《ざつ》し、仏の世界に到る道を明かされることになります。

その教えは、初観《しょかん》の日想観《にっそうかん》からはじまり第十三観の雑想観《ざっそうかん》までと、第十四観・第十五観・第十六観の三観を合わせた、十六観として説かれています。いま、第十三観で切って、それに続く三観とを分けて示したのは、善導大師の理解にもとづくものです。それは、初観から十三観を定善《じょうぜん》とし、後の三観を散善《さんぜん》と定められたことによります。さらに、韋提希の求めに応じて説かれたのが定善であり、仏自ら説かれたのが散善であるといわれるのが、善導大師の立場です。このような見方はたいへん重要な意味を持っています。それは、『観無量寿経』で釈尊は何を説くことが目的であったかということと直接関わっているからです。

内容に入る前に、『観無量寿経』の全体像を理解しやすくするために、定善・散善ということについて、少し触れておきたいと思います。まず散善とは、散乱のこころをもったままの状態で善を行うというものです。『観経疏』玄義分《げんぎぶん》には、

「散《さん》」はすなはち悪《あく》を廃《はい》してもつて善《ぜん》を修《しゅ》す。

（『註釈版聖典（七祖篇）』三〇一頁）

と定義されるように、悪事をやめて善にいそしみ仏に近づいていこうと励んでい

くことです。一方、雑念をとりのぞいて静かなこころに仏の世界が映るような状態で善を積み重ねていくことを、定善といいます。「玄義分」には、

「定《じょう》」はすなはち慮《おもんぱか》りを息《や》めてもつて心《しん》を凝《こ》らす。（同頁）

と説明されます。

このような定善・散善を頭に入れながら、具体的な観想についていくつかみていくことにします。初観は日想観（日観）という観名で呼ばれます。まさに、西に沈もうとする太陽をとおして浄土を観想します。ただ、善導大師はこの観想について、自らの罪の深さを知らしめるということを観想の理由の一つにあげられています。続いて、第二水想《すいそう》観・第三地想《じそう》観・第四宝樹《ほうじゅ》観・第五宝池《ほうち》観・第六宝《ほう》楼《ろう》観と展開していきます。宝楼観は、浄土の宝楼閣を観想しますが、五百億の楼閣の中に無量の諸天が住して音楽を奏でている、その音は虚空《こくう》にみちわたり、念《ねん》

仏《ぶつ》・念法《ねんぽう》・念僧《ねんそう》を説くとあります。実に壮大華麗な浄土の景観を観想していくことが説かれます。そして、この観想を「総観想」と呼んでおられるところから推察しますと、この観で区切りが示されているとうかがうことができます。

続く第七華座《けざ》観からは阿弥陀仏の観想に入っていきます。つぎの第八像《ぞう》観・第九真身《しんしん》観とを合わせた三つの観想は、『観無量寿経』の中でもことに重要なものとして注意されてきました。まず第七華座観ですが、この観想に入る前に突然阿弥陀仏が空中にあらわれ、韋提希の前に立たれます。これは釈尊が、

仏《ぶつ》、まさになんぢがために苦悩《くのう》を除《のぞ》く法《ほう》を分別《ぶんべつ》し解説《げせつ》すべし。

（『註釈版聖典』九七頁）

といわれたことに応じてのことでした。この空中に住立されている阿弥陀仏を形どったのが浄土真宗のご本尊であることは、よく知られているところです。

また第八像観には、

諸仏如来《しょぶつにょらい》はこれ法界身《ほうかいしん》なり。一切衆生《いっさいしゅじょう》の心想《しんそう》のうちに入《い》りたまふ。

（『同』一〇〇頁）

ということばがみえます。この法界身についてはいろいろな解釈がありますが、善導大師によりますと、「法界」とは衆生界のこと、「身」とは諸仏の身であるといわれます。したがって、法界身とは法界の生きとし生けるものを救う仏の活動と受けとることができます。

つぎに、第九観は真身観と呼ばれます。ここで仏から放たれる光明について述べられて、

一々《いちいち》の光明《こうみょう》は、あまねく十方世界《じっぽうせかい》を照《て》らし、念仏《ねんぶつ》の衆生《しゅじょう》を摂取《せっしゅ》して捨《す》てた

まはず。

（『同』一〇二頁）

とあります。ここに「摂取不捨」（摂取して捨てたまはず）とある文については、親鸞聖人もとくに注意され説明を加えられます。

先に触れたように、第七観から第九観までの三つの観想は、『観無量寿経』の教えの根幹をなす凡夫《ぼんぶ》の救いに関わる内容が説示されているために、重要な観想だということができます。

真身観につづいては、第十観音観《かんのんかん》・第十一勢至《せいし》観・第十二普《ふ》観・第十三雑想《ざっそう》観と順序していきます。とくに最後の雑想観の、

かの如来《にょらい》の宿願力《しゅくがんりき》のゆゑに憶想《おくそう》することあらば、かならず成就《じょうじゅ》することを得《う》。

（『同』一〇七頁）

ということばを大切に味わっていかねばと思います。

ついで『観無量寿経』では、散善の教えが上品《じょうぼん》・中品《ちゅうぼん》・下品《げぼん》の九品《くぼん》に分けて説かれます。また善導大師は、その九品に大乗の善・小乗の善・世間の善を配当されて説きすすめられます。この三つの善はことばを換えて申しますと、世福《せふく》（世間の善）・戒福《かいふく》（小乗の善）・行福《ぎょうふく》（大乗の善）の三福《さんぷく》にあたります。ただ下品の三生《さんしょう》（下品上生《じょうしょう》・下品中生《ちゅうしょう》・下品下生《げしょう》）は、悪業を作るばかりで悪道に堕していく愚人を指していますので、この三つのいずれにもあてはめることができません。

それでは、下三品の者が救われていく道はないのでしょうか。そこに念仏の救いが説かれてきます。下々品《げげぼん》では、そのことをつぎのように説き明かします。

> かくのごときの愚人《ぐにん》、命終《いのちおわ》らんとする時《とき》に臨《のぞ》みて、善知識《ぜんちしき》の、種々《しゅじゅ》に安慰《あんに》して、ために妙法《みょうほう》を説《と》き、教《おし》へて念仏《ねんぶつ》せしむるに遇《あ》はん。（中略）仏名《ぶつみょう》を称《しょう》

するがゆゑに、念々《ねんねん》のなかにおいて八十億劫《はちじゅうおくこう》の生死《しょうじ》の罪《つみ》を除《のぞ》く。

（『註釈版聖典』一一五―一一六頁）

下三品の念仏

それでは、親鸞聖人は『観無量寿経』とどのように向き合われたかという点に、話を進めていきたいと思います。

『観無量寿経』では、九品の往生を説く中で、下品の三生は、ただ衆悪を造り、慚愧《ざんき》することもなく、その悪業によって悪道に堕していく者と説かれます。法然聖人は『選択集《せんじゃくしゅう》』の中で、下品上生から順に、十悪の罪人・破戒の罪人・五逆の罪人といわれます。たしかに善導大師は、下品上生を、

十悪《あく》を造《つく》る軽罪《きょうざい》の凡夫人《ぼんぶにん》なり。

（『観経疏』散善義、『註釈版聖典（七祖篇）』四八八頁）

と軽い罪と説明されますが、これは下品中生・下品下生の罪に比べて軽いという意味で、罪人であることにかわりありません。そういう下三品の者が救われていく教えとして念仏の道が説かれていました。いま、その念仏について述べる前に、定善・散善の全体にかかる信について触れておくことにします。

『観無量寿経』には、さまざまな行が説かれ、往生浄土にあたって信の重要性が示されます。上上品《じょうじょうぼん》のはじめに、

もし衆生《しゅじょう》ありて、かの国《くに》に生《しょう》ぜんと願《がん》ずるものは、三種《さんしゅ》の心《しん》を発《おこ》して即便《すなわち》往生《おうじょう》す。なんらをか三《み》つとする。一《ひと》つには至誠心《しじょうしん》、二《ふた》つには深心《じんしん》、三《み》つには回向発願心《えこうほつがんしん》なり。三心《さんしん》を具《ぐ》するものは、かならずかの国《くに》に生《しょう》ず。

（『註釈版聖典』一〇八頁）

とあり、三心が説かれます。ただ、三心は上上品の説明の中にあり、上上品にの

み説かれているとみるのが普通です。しかし、善導大師は、そうではない、この文は散善九品全体に通じ、さらに九品を越えて定善十三観にもかかるとみられました。これによって、『観無量寿経』全体が信を重視している経典であるといえることになります。

善導大師は、この三心について詳細な説明をなされています。いまは、三心それぞれの説明の冒頭のことばのみを示すにとどめたいと思います。

まず、至誠心は真実心だといわれます。深心については、深く信じる心。そして回向発願心は、仏の本願を深心するこころの中に浄土に往生する想いを作《な》すことであるといわれます。ただ、この三心について、私たちのこころから起こしうるものでないことは、親鸞聖人によって明らかにされるところです。たとい、私の方から善なる行為を作したとしても、それは雑毒《ぞうどく》の善、虚仮《こけ》の行だと、善導大師ははっきりいわれます。如来回向の信によってはじめて往生の因になるといえるのです。

さて、下品下生の文は先に一部示しましたが、いま一度、その中心部分にスポットをあててみることにします。そこには、十悪・五逆を犯し、悪業を作る愚人が、命終にあたって善知識に会い、念仏をするよう教えられています。しかし、臨終の苦しみにうちのめされて念仏することができないでいます。そこで善知識は言い方を換えて、

なんぢもし念《ねん》ずるあたはずは、まさに無量寿仏《むりょうじゅぶつ》〔の名《みな》〕を称《しょう》すべし

（『註釈版聖典』一一五頁）

とすすめます。続いて、仏の名を称えたことによって、八十億劫という長い間の迷いのもとである罪が除かれると説きます。

この『観無量寿経』のこころを、親鸞聖人は『唯信鈔文意《ゆいしんしょうもんい》』に、

こころに弥陀《みだ》を念《ねん》じたてまつらずは、ただ口《くち》に南無阿弥陀仏《なもあみだぶつ》ととなへよとすすめたまへる御《み》のりなり。
（『註釈版聖典』七一六頁）

と述べられます。いずれにいたしましても、念仏一つ、口に南無阿弥陀仏と称えることによって救われていくことが説き示されるのです。

この念仏については、『観無量寿経』の結びの部分（流通分）にも明かされます。いま、その部分をみますと、この経をどのように名づけ、教えの要《かなめ》はどのように受けとったらよいのかと、阿難が釈尊に尋ねています。それに対して釈尊は、この経典は浄土や仏・菩薩を観察することに主眼をおく経典であるといいながら、最後には、

なんぢよくこの語《ご》を持《たも》て。この語《ご》を持《たも》てといふは、すなはちこれ無量寿仏《むりょうじゅぶつ》の名《みな》を持《たも》てとなり
（『註釈版聖典』一一七頁）

と念仏を明かされます。このように二面性をもつ『観無量寿経』について、善導大師は『無量寿経』の本願のこころにもとづき、無量寿仏の名号を称えることによって救われていく経であることを明確に主張されました。それが、いま掲げました「なんぢよくこの語を持て……」という経文を釈された、有名なつぎのことばです。

上来定散両門《じょうらいじょうさんりょうもん》の益《やく》を説《と》くといへども、仏《ぶつ》の本願《ほんがん》に望《のぞ》むるに、意《こころ》、衆生《しゅじょう》をして一向《こう》にもつぱら弥陀仏《みだぶつ》の名《みな》を称《しょう》せしむるにあり。

（『註釈版聖典（七祖篇）』五〇〇頁）

ここに、『観無量寿経』の結論を述べておられます。

また、このことは親鸞聖人が『観無量寿経』に表と裏の両面の見方をされたことに通じていくものです。表とは、『観無量寿経』を経題から順見《じゅんけん》していく立場であり、観察を中心とした見方です。逆に、経典の最後からみていくことを逆見《ぎゃくけん》といいますが、その立場からは称名念仏を説くことが目的となります。順見の立場を「顕説《けんぜつ》」といい、逆見の立場を「隠彰《おんしょう》」ということばであらわします。このような経典理解はまったく親鸞聖人独自のものであって、そこに深い経典の意趣を汲みとられていることがうかがえます。

『仏説阿弥陀経』──難信の法

無問自説経

最後に、『仏説阿弥陀経』（以下、『阿弥陀経』あるいは『小経《しょうきょう》』と略記）のこころをたづねていくことにします。

『阿弥陀経』は「浄土三部経」の中でも最も短い経典で、古くから『無量寿経』を『大経』と呼ぶのに対して、『小経』という言い方がされてきました。もちろん、小さいからといって劣った経典を意味するものではありません。むしろ、釈尊一代の説法の帰結が説かれているという意味で、「一代結経《いちだいけっきょう》」ともいわれてきました。また、善導大師は『阿弥陀経』を数万巻書写されたということが、信頼性の高い伝記の中に記されています。これによっても、古くから重要な経典として広く流布し、親しまれてきたことが想像されます。

さて、『阿弥陀経』にも経典としての特徴がみられ、多くの人に知られていますが、それは「無問自説経《むもんじせっきょう》」という言い方にあらわされています。『無量寿経』では、釈尊が法を説かれるにあたって、阿難が尋ね釈尊が応答されています。また、『観無量寿経』においても、韋提希が救われていく教えを聞かせてくださいと請うたのに対して、法が説かれていきます。ところが、『阿弥陀経』は違います。釈尊が一方的に舎利弗《しゃりほつ》に語りかけられるだけです。一度も「於汝意云何《おにょいうんが》」(なんぢが意《こころ》においていかん。『註釈版聖典』一二三頁・一二七頁／「あなたはどう考えるか」)と聞かれながら、舎利弗は口を開けていません。

親鸞聖人は『教行信証』化身土《けしんど》文類に、

この『経《きょう》』(小経)は大乗《だいじょう》修多羅《しゅたら》のなかの無問自説経《むもんじせっきょう》なり。

(『註釈版聖典』三九八頁)

といわれ、『一念多念文意』には、

これすなはち釈尊出世《しゃくそんしゅっせ》の本懐《ほんがい》をあらはさんとおぼしめすゆゑに、無問自説《むもんじせつ》と申《もう》すなり。　（『同』六八六頁）

と述べられます。これは、釈尊が一方的に説かれることによって、真実があらわされた経典であると受けとられたということです。

『阿弥陀経』の説かれ方の特徴が以上のような点にあるとして、その内容を概観してみますと、多くの経典がそうであるように、序説（序分）、本論（正宗分）、結語（流通分）との三つに分けられます。さらに、本論は三つの段落から成っていますが、そのはじめにある阿弥陀仏と浄土について明かされる一段の中から、二、三の文をとりあげ味わってみたいと思います。

まず本論は、

これより西方《さいほう》に、十万億《じゅうまんおく》の仏土《ぶつど》を過《す》ぎて世界《せかい》あり、名《な》づけて極楽《ごくらく》といふ。

その土《ど》に仏《ぶつ》まします、阿弥陀《あみだ》と号《ごう》す。いま現《げん》にましまして法《ほう》を説《と》きたまふ。

（『註釈版聖典』一二一頁）

の文によってはじまります。この短いことばの中に、簡略ながら阿弥陀仏と浄土の説明がまとめられています。たとえば、十万億の仏国土を過ぎて浄土があるという言い方は、この世界をはるかに超えた領域であることをあらわし、それは、さとりの境界を意味するということです。これと同じ内容は『無量寿経』にも説かれます。また、浄土の描写についても共通の表現がみられます。この二つの経典は、成立がほぼ同じころ、同じ地域で成立したと考えられますから、それも当然ともいえるでしょう。ただ『無量寿経』には、極楽という語はみられなく、安《あん》楽《らく》・安養《あんにょう》という訳語が用いられています。

つぎに、極楽の描写でよく知られ親しまれているのは、池の中に咲きみだれる蓮華についての一節、青色《しょうしき》には青光《しょうこう》、黄色《おうしき》には黄光《おうこう》、赤色《しゃくしき》には赤光《しゃくこう》、白色《びゃくしき》には白光《びゃくこう》ありて、微《み》妙香潔《みょうこうけつ》なり。

（『同』一二三頁）

という文でしょう。それぞれの光が輝き、交錯しながら調和している世界があらわされています。ここに、真の平等のこころを味わうことができます。また妙なる香りによって、浄土が荘厳されているという点にも注意したいと思います。さらに、

かの仏国土《ぶっこくど》には、微風《みふう》吹《ふ》きて、もろもろの宝行樹《ほうごうじゅ》および宝羅網《ほうらもう》を動《うご》かすに、微妙《みみょう》の音《こえ》を出《いだ》す。

（『同』一二三頁）

などと、音声のゆきわたる世界としても描かれています。ここに、光と音と香の三つを合わせ、浄土が荘厳されていることがわかります。『無量寿経』の叙述の

中にも、

光色昱爍《こうしきいくしゃく》して、香気《こうけ》あまねく薫《くん》ず。　（『註釈版聖典』四九頁）

とある文など、類同した内容表現をみることができます。
続いて、経典は阿弥陀仏について説いていきます。それは、

かの仏《ぶつ》をなんがゆゑぞ阿弥陀《あみだ》と号《ごう》する。　（『同』一二三頁）

と、舎利弗に尋ねることからはじまります。例によって舎利弗は黙っています。そこで、釈尊は自らそのわけを述べられます。光明はなにものにもさまたげられることなく、あらゆる国を照らし、その光に遇うものはすべて救われていく、だから阿弥陀と名づけるのだ。また、仏の寿命およびそこに住む人民も限りない命

を生きるのである、だから阿弥陀と名づけるのだ、といわれるのです。これは、阿弥陀仏の原名がアミターバ（無量光）・アミターユス（無量寿）といわれることにもとづく説明といえます。ともかく『阿弥陀経』は、その名前の意義をとおして、阿弥陀仏がどのような仏であるかを示してくださった経典だといえます。

念仏往生の一段

経典を読む際には、その経文に段落を切って読んでいきますが、これはとても大事なことだと思われます。段落が区切れることは、すでに経典の内容がはっきり見えているということになるからです。これまで、『無量寿経』についても、『観無量寿経』においても、段落（科段《かだん》とか科文《かもん》という）を頭に入れながらお話してきました。いま、『阿弥陀経』に関しても同様です。先に、本論の最初の一段について述べてきましたが、内容的には、極楽の荘厳・阿弥陀仏・聖衆《しょうじゅ》（菩薩・聲聞《しょうもん》）についての説述でした。いま二段目に入るにあたって、前段にあった極楽描写の一節を、もう一つあげておきたいと思います。

それは、極楽には、白鵠《びゃっこう》・孔雀《くじゃく》・鸚鵡《おうむ》・舎利《しゃり》・迦陵頻伽《かりょうびんか》・共命之鳥《ぐみょうしちょう》という六鳥がいて、これらの鳥は、

みなこれ阿弥陀仏《あみだぶつ》、法音《ほうおん》を宣流《せんる》せしめんと欲《おぼ》して、変化《へんげ》してなしたまふところなり。（『註釈版聖典』一二三頁）

とある文です。この中の共命之鳥にまつわる話はよく知られていますが、二つの頭が一つの命に支えられているという姿から、法の世界に生きる者同士はひとつであるということを示していると、味わうことができるでしょう。

つぎに、阿弥陀仏については、

成仏《じょうぶつ》よりこのかたいまに十劫《じっこう》なり。（『同』一二四頁）

と説かれます。『無量寿経』においても、同趣旨の文がみられました。これについて、親鸞聖人は『浄土和讃』に、

弥陀成仏《みだじょうぶつ》のこのかたは
いまに十劫《じっこう》とときたれど
塵点久遠劫《じんでんくおんごう》よりも
ひさしき仏《ぶつ》とみえたまふ

（『註釈版聖典』五六六頁）

と詠われています。私たちは、この親鸞聖人のことばを通して経典のこころをうかがっていきたいと思います。

さて、『阿弥陀経』本論の二段目は量的には短いものですが、内容は多含です。まず、はじめの前半部分をかかげてみます。

舎利弗《しゃりほつ》、衆生聞《しゅじょうき》かんもの、まさに発願《ほつがん》してかの国《くに》に生《しょう》ぜんと願《ねが》ふべし。ゆゑはいかん。かくのごときの諸上善人《しょじょうぜんにん》とともに一処《いっしょ》に会《え》することを得《う》ればなり。

（『註釈版聖典』一二四頁）

と説き明かします。私たちの耳には「衆生聞者《しゅじょうもんしゃ》・応当発願《おうとうほつがん》・願生彼国《がんしょうひこく》」（『日常勤行聖典』一一二頁）と入ってきます。彼の国に生まれたいという願いを起こすことが、すでに説き明かした極楽に生まれるには必要だと述べるのです。もちろん願生のこころが生ずるには、阿弥陀仏の浄土について聞くということがなければなりません。そこで「衆生聞者」といわれるのです。

このように、願生の思いを勧められるのはなぜか（所以者何《しょいしゃが》／ゆゑはいかん。『註釈版聖典』一二四頁）というと、諸《もろもろ》の上善人《じょうぜんにん》と一処《いっしょ》で倶《とも》になれるからである、といわれます。いわゆる「倶会一処《くえいっしょ》」（ともに一処《いっしょ》に会《え》する、同頁）の文でよく知られているところです。この四文字は、私たちに懐かしさとともに帰っていく世界を想い起こさせてくれます。ことばのひびきを大切にしたいものです。親鸞聖人は、直接、この文を説明されることはありません。しかし、私たちは『親鸞聖人御消息』の中の、親鸞聖人が有阿弥陀仏に宛てたお手紙に記された、つぎの有名なことばを知っています。

としきはまりて候《そうら》へば、さだめてさきだちて往生《おうじょう》し候《そうら》はんずれば、浄土《じょうど》にてかならずかならずまちまゐらせ候《そうら》ふべし。

（『同』七八五頁）

この文の中に、倶会一処のこころがあらわされているといえましょう。

続いて、経典は「少善根福徳《しょうぜんごんふくとく》の因縁《いんねん》」（『註釈版聖典』一二四頁）では往生できないといい切ります。そして、

名号《みょうごう》を執持《しゅうじ》をすること、もしは一日《いちにち》、もしは二日《ににち》、もしは三日《さんにち》、（中略）も

しは七日《しちにち》、一心《いっしん》にして乱《みだ》れざれば
（『註釈版聖典』一二四頁）

とあらわされます。いま、執持名号を念仏と解するにあたっては　すでに法然聖人が『阿弥陀経《あみだきょう》釈《しゃく》』で、

「執持名号」とは、此《こ》れ正しく念仏を修するなり。
（『漢語灯録』巻三、『浄土真宗聖典全書㈥　補遺篇』五三頁・原漢文）

と釈されています。ともかく『阿弥陀経』では、多善根・多福徳の念仏によって往生できると説くのが、とくにこの二段目の意図するところでした。

ところで、親鸞聖人は先に『観無量寿経』を隠顕釈のもとにみられましたが、それと同じように、『阿弥陀経』にも隠顕があると『教行信証』化身土文類でいわれます。顕とは「顕説」、隠とは「隠彰」といいますが、表面的にあらわれる

ところを「顕説」、そして裏にある「隠彰」（隠があらわされたという意味）が仏意《ぶっい》ということで、顕は自力の念仏、隠とは第十八願の念仏を示します。いずれにしても、独創的な隠顕釈は、親鸞聖人の深い体験にもとづく教えの理解をあらわすものといえます。

第二段の最後には、念仏によって往生する様子が説かれます。念仏の利益を明かす一節ともいわれます。念仏の人には、

その人《ひと》、命終《みょうじゅう》の時《とき》に臨《のぞ》みて、阿弥陀仏《あみだぶつ》、もろもろの聖衆《しゅうじゅ》と現《げん》じてその前《まえ》にましまさん。この人終《ひとおわ》らん時《とき》、信顛倒《しんてんどう》せずして、すなはち阿弥陀仏《あみだぶつ》の極楽国《ごくらくこく》土《ど》に往生《おうじょう》することを得《う》。（『註釈版聖典』一二四—一二五頁）

と、命終にあたって阿弥陀仏と聖衆が前にあらわれ往生するとあります。このような臨終来迎の思想については、『無量寿経』の第十九願や『観無量寿経』の九

品往生を説く一段にみられます。遠く経典が成立したころの背景がうかがわれるようです。

ただ親鸞聖人は、

来迎《らいこう》は諸行往生《しょぎょうおうじょう》にあり、自力《じりき》の行者《ぎょうじゃ》なるがゆゑに。臨終《りんじゅう》といふことは、諸行往生《しょぎょうおうじょう》のひとにいふべし

（『親鸞聖人御消息』第一通、『註釈版聖典』七三五頁）

と述べられるところに、臨終来迎説に対する態度が示されます。隠顕釈とともに深く味わいながら、『阿弥陀経』を読んでまいりましょう。

六方の諸仏とその称讃

いよいよ『阿弥陀経』本論（正宗分）最後の段落に入っていきます。これまで

は釈尊が阿弥陀仏の徳を讃歎されてきましたが、これからは多くの諸仏たちが阿弥陀仏の教えの真実であることを証明して、人々に信をすすめる一段になります。その諸仏とは、六方にまします仏たちで、東方から始まり、南方・西方・北方・下方・上方の順で、合わせて三十八の仏たちが口をそろえて、阿弥陀仏の徳を讃歎することになります。それは、

舎利弗《しゃりほつ》・如我今者《にょがこんじゃ》・讃歎阿弥陀仏《さんだんあみだぶつ》・不可思議功徳《ふかしぎくどく》（『日常勤行聖典』一一九頁）

（舎利弗《しゃりほつ》、われいま阿弥陀仏《あみだぶつ》の不可思議《ふかしぎ》の功徳《くどく》を讃歎《さんだん》するがごとく『註釈版聖典』一二五頁）

という文で六方段《ろっぽうだん》がはじまっていることによって知ることができます。

まず最初に出てこられるのが、阿閦鞞仏（阿閦仏）です。はじめにあげられるということは、仏に限らず四十八願の第一願もそうだといえますが、重要な位置

づけがなされていると推測できます。その阿閦鞞仏ですが、最初にも触れたように諸仏の中でも有名で、阿弥陀仏とよく比較されます。東方の妙喜世界《みょうきせかい》に対して西方の極楽世界、またその本願については、それぞれ自利の願と利他の願とまったく対蹠的《たいしょてき》です。さらに、それぞれの浄土観も違って、阿弥陀仏の浄土はさとりの世界を、阿閦鞞仏の世界は現世延長的なところとしてあらわされています。

その他、仏名《ぶつみょう》には注意を引くものがあります。南方世界の日月灯仏《にちがつとうぶつ》、あるいは、南方、上方両世界の大焔肩仏《だいえんけんぶつ》、北方世界には焔肩仏《えんけんぶつ》という名の肩から焔《ほのお》の上っている仏がみられます。

さて、六方段の一々の終わりの個所には『阿弥陀経』の別名がみられることも、普段読誦しているときにはほとんど気がつきません。

汝等衆生《にょとうしゅじょう》・当信是称讃《とうしんぜしょうさん》・不可思議功徳《ふかしぎくどく》・一切諸仏《いっさいしょぶつ》・所護念経《しょごねんぎょう》

（『日常勤行聖典』一一四・一一五・一一五―一一六・一一六・一一七・一一七―

一一八頁）

の文が別名を示すものですが、

なんぢら衆生《しゅじょう》、まさにこの不可思議《ふかしぎ》の功徳《くどく》を称讃《しょうさん》したまふ一切諸仏《いっさいしょぶつ》に護念《ごねん》せらるる経《きょう》を信《しん》ずべし

（『註釈版聖典』一二五―一二七頁）

と読まれています。したがって、『阿弥陀経』が「称讃不可思議功徳一切諸仏所護念経」と長い題名で示されているということです。このように、経典の中で別名をあげることは、「浄土三部経」でいいますと『観無量寿経』にもみられます。

その結び（流通分）には、

比経名観《しきょうみょうかん》・極楽国土《ごくらっこくど》・無量寿仏《むりょうじゅぶつ》・観世音菩薩《かんぜおんぼさつ》・大勢至菩薩《だいせいしぼさつ》・亦名浄除業《やくみょうじょうじょごっ》

障《しょう》・生《しょう》諸仏前《しょぶつぜん》　（『勤行聖典　浄土三部経』三〇三頁）

（この経《きょう》をば〈極楽国土《ごくらくこくど》・無量寿仏《むりょうじゅぶつ》・観世音菩薩《かんぜおんぼさつ》・大勢至菩薩《だいせいしぼさつ》を観《かん》ず〉と名《な》づく。また〈業障《ごっしょう》を浄除《じょうじょ》し諸仏《しょぶつ》の前《みまえ》に生《しょう》ず〉と名《な》づく。『註釈版聖典』一一七頁）

と、二つの別名があげられています。ここには、経典の内容を経題の上にあらわそうとする意図があったと思われます。

さて『阿弥陀経』では、六方段が終わると、先の別名を再びあげて「どうして『一切諸仏所護念経』となすのか」と問うています。それに対して、

若有善男子《にゃくうぜんなんし》・善女人《ぜんにょにん》・聞是諸仏所説名《もんぜしょぶつしょせつみょう》・及経名者《ぎゅうきょうみょうしゃ》　（『日常勤行聖典』一一八頁）

（もし善男子《ぜんなんし》・善女人《ぜんにょにん》ありて、この諸仏《しょぶつ》の所説《しょせつ》の名《みな》および経《きょう》の名《な》を聞《き》かんもの『註釈版聖典』一二七頁）

とあるように、阿弥陀仏の名号や『阿弥陀経』の名を聞く善男子・善女人は、諸仏に護念せられて、みな阿耨多羅三藐三菩提《あのくたらさんみゃくさんぼだい》を退転しないという利益《りやく》のあることが述べられます。聞名の教えは『無量寿経』のみ説くところと思いがちですが、『阿弥陀経』にもみられるところに二経の関係が思われます。

このあと、経典は釈尊と諸仏との相互の称讃が語られます。

舎利弗《しゃりほつ》・如我今者《にょがこんじゃ》・称讃諸仏《しょうさんしょぶつ》・不可思議功徳《ふかしぎくどく》・彼諸仏等《ひしょぶつとう》・亦称説我《やくしょうせつが》・不可《ふか》思議功徳《しぎくどく》

（『日常勤行聖典』一一九頁）

（舎利弗《しゃりほつ》、われいま諸仏《しょぶつ》の不可思議《ふかしぎ》の功徳《くどく》を称讃《しょうさん》するがごとく、かの諸仏等《しょぶつとう》もまた、わが不可思議《ふかしぎ》の功徳《くどく》を称説《しょうせつ》してこの言《ごん》をなしたまはく『註釈版聖典』一二八頁）

この文について、どのように読み、どのように内容をとっていくかを考えさせられます。この文をそのまま読んでいくと、釈尊が諸仏の不可思議功徳を称讃し、また諸仏が釈尊の不可思議功徳を称説する、という読み方になり、釈尊・諸仏が阿弥陀仏の功徳を称讃するという『阿弥陀経』の趣旨と離れていくことになります。そこで先学によってもいわれていることですが、釈尊が直接、諸仏の功徳を讃歎するのではなく、阿弥陀仏の教えを信じることを勧める諸佛を讃歎し、また、諸仏も難信の法（念仏の教え）を説く釈尊の功徳を讃歎するのです。このように文をみていくと、全体の展開がすっきりしていくようです。

『阿弥陀経』を読み進むと、最後の部分（流通分）にさしかかってきます。ここで、劫濁《こうじょく》・見濁《けんじょく》・煩悩濁《ぼんのうじょく》・衆生濁《しゅじょうじょく》・命濁《みょうじょく》という「五濁悪世のことば」に出会います。何度も読みますと、いつの間にか覚えています。この五つの汚濁《おじょく》とは、経典が成立した遠い過去のことではありません。いま生きている私たちの社会の状況と重なります。そういう中で、『阿弥陀経』の教えが生きる方向とその意義を指し示してくれていると、そのようにうかがいます。

最後に、「難信《なんしん》の法《ほう》」（『註釈版聖典』一二八頁）ということを味わいながら、終わりにさせていただきます。親鸞聖人は「極難信法《ごくなんしんぼう》」の語をよく用いられますが、これは『阿弥陀経』の異本である『称讃浄土仏摂受経《しょうさんじょうどぶつしょうじゅきょう》』を尊重されたためでしょうか。ことばとしては信じがたい法ということですが、「難信の法」とは阿弥陀仏の教えのことで、自力をもっては信じることができない法門という意味で難信といわれるのです。これはすなわち他力念仏の教えのことをいわれているのです。そのように領解《りょうげ》することができます。

第二章　浄土真宗の成立と本願寺

岡村喜史

親鸞聖人の伝道

浄土真宗の名称

第二章では、浄土真宗の成立に際して、親鸞聖人のご生涯から本願寺が建立されるまでの動向について学んでいきます。それには、まず浄土真宗という言葉の意味について確かめておきましょう。

浄土真宗とは、平成二十（二〇〇八）年、本願寺第二十四代門主・即如上人によって定められた「浄土真宗の教章《きょうしょう》（私の歩む道）」にも、

宗《しゅう》名《めい》　浄土真宗《じょうどしんしゅう》

宗《しゅう》祖《そ》　親鸞聖人《しんらんしょうにん》

宗《しゅう》派《は》　浄土真宗本願寺派《じょうどしんしゅうほんがんじは》

とあるように、親鸞聖人を宗祖とする宗派を中心とした名称であるということです。このように、浄土真宗とは仏教の一宗派を代表とする宗名であるということがいえますが、さらには宗祖である親鸞聖人の言葉をひも解くと、浄土真宗とはそのような宗派のもととなった教えの内容をあらわしたものであることがわかります。

たとえば、親鸞聖人の主著『教行信証』「教文類《きょうもんるい》」の標挙《ひょうこ》には、

大《だい》無量《むりょう》寿経《じゅきょう》　真実《しんじつ》の教《きょう》
浄土真宗《じょうどしんしゅう》

（『註釈版聖典』一三四頁）

と挙げられており、浄土真宗とはその根本聖典である『無量寿経』（大無量寿経）のことであるといわれています。また、『浄土文類聚鈔《じょうどもんるいじゅしょう》』には、

論家《ろんげ》・宗師《しゅうし》、浄土真宗《じょうどしんしゅう》を開《ひら》きて、濁世《じょくせ》、邪偽《じゃぎ》を導《みちび》かんとなり。

（『同』四九六頁）

とあるように、「論家・宗師」と呼ばれるインドから中国・日本へと浄土教の教えを伝えてくださった七祖によって、浄土真宗の教えは開かれていったといわれています。さらには、

浄土宗《じょうどしゅう》のなかに真《しん》あり、仮《け》あり。真《しん》といふは選択本願《せんじゃくほんがん》なり、仮《け》といふは定《じょう》散二善《さんにぜん》なり。選択本願《せんじゃくほんがん》は浄土真宗《じょうどしんしゅう》なり、定散二善《じょうさんにぜん》は方便仮門《ほうべんけもん》なり。

（『親鸞聖人御消息』、『同』七三七頁）

つつしんで浄土真宗《じょうどしんしゅう》を案《あん》ずるに、二種《にしゅ》の回向《えこう》あり。一《ひと》つには往相《おうそう》、二《ふた》つには還相《げんそう》なり。

（『教行信証』「教文類」、『同』一三五頁）

とあるように、本願や回向といった教義の基本原理を指して浄土真宗といわれている場合もあり、その意味は多岐にわたっています。

親鸞聖人の専修念仏帰入

浄土真宗の宗祖である親鸞聖人は、平安時代の末期の承安《じょうあん》三（一一七三）年に京都でお生まれになりました。その当時の日本は、公家政権が崩壊し武士が台頭して政治の実権を握ろうとする動乱の時代であり、政権抗争や内乱に加えて、干ばつ・飢饉《ききん》の発生によって、社会は混乱を極めていました。下級公家の出身といわれている親鸞聖人は、おそらくそのような社会の混乱の中ではその地位を保障されなくなってしまったため、九歳で出家して比叡山《ひえいざん》で修行されることとなりました。

親鸞聖人は、比叡山で天台僧として二十年間修行されましたが、特に横川《よかわ》を中心におられました。ここは、七祖に数えられる源信《げんしん》和尚《かしょう》（恵心僧都《えしんそうず》）が『往生要集』を著して日本浄土教を大成されたところでしたから、比叡山の中でも浄土教の盛んな地でした。その中で、親鸞聖人はどのような修行をしておられたのかについては、具体的なことがほとんどわかっていません。しかし、「恵信尼消息」によると親鸞聖人は、比叡山を下りられる直前には「堂僧《どうそう》」をしておられたことがわかります。堂僧とは、常行堂《じょうぎょうどう》において不断念仏を修する僧のことで、常行堂の阿弥陀如来像の周りを回りながら、阿弥陀如来の御名を称え、阿弥陀如来だけを念じるもので、これを中断することなく行うものでした。親鸞聖人は、この修行を最後に比叡山を下りられました。このことから親鸞聖人は、この修行を通して比叡山での自力行に対する限界に直面し、比叡山を下りる決断をされたようです。

比叡山を下りられた親鸞聖人は、京都市中の六角堂で百日間の参籠《さんろう》を始められました。そして九十五日の明け方に、救世観音《くせかんのん》から聖徳太子の文を受けて、法然聖人のもとに行かれました。このころ法然聖人は、念仏をするだけで誰でも平等に阿弥陀如来に救われるという、専修念仏《せんじゅねんぶつ》を説き広めておられました。親鸞聖人は、六角堂に通われたのと同じように、百日間、法然聖人のところに通って聴聞を続けられ、専修念仏の教えに間違いがないことを確信されました。そして人びとを救えるのはこの教えしかないと信じていかれました。

親鸞聖人は、『教行信証』の中で、

しかるに愚禿釈《ぐとくしゃく》の鸞《らん》、建仁辛酉《けんにんかのとのとり》の暦《れき》、雑行《ぞうぎょう》を棄《す》てて本願《ほんがん》に帰《き》す。

（『同』四七二頁）

と、はっきりと述べられています。

こうして親鸞聖人は、建仁《けんにん》元（一二〇一）年の二十九歳のとき、法然聖人の専修念仏に帰し、以降念仏に生きていくことを決心されました。

親鸞聖人は、法然聖人のもとで念仏の教えをしっかりと受け止めて行かれました。そして、元久元《げんきゅう》（一二〇五）年には、法然聖人の主著『選択本願念仏集《せんじゃくほんがんねんぶつしゅう》』を書き写すことを、法然聖人から許されました。たくさんいた法然聖人の門弟の中でも、『選択本願念仏集』の書写を許されたのはわずか十人にも満たなかったようですから、親鸞聖人は専修念仏に帰してから四年ほどで、法然聖人からその教えを十分に理解されていることを認められたことがわかります。

流罪から関東伝道

親鸞聖人が法然聖人のもとで専修念仏を受けておられた元久二年十月、奈良の興福寺から朝廷に対して、念仏停止《ちょうじ》を訴える「興福寺奏状《こうふくじそうじょう》」が提出されました。これを受けた朝廷では、どのように対応すべきか困惑していたようですが、結局、法然聖人の弟子の安楽《あんらく》・住蓮《じゅうれん》らによる女官の出家事件が起こり、これをもとに朝廷は、承元《じょうげん》元（一二〇七、聖人三十五歳）年二月、専修念仏の停止を命じました。これによって、法然聖人は土佐国《とさのくに》（高知県、実際には讃岐国《さぬきのくに》、香川県）へ、親鸞聖人は越後国国府《えちごのくにこくふ》（新潟県上越市）へ流罪《るざい》となりました。親鸞聖人は、朝廷から藤井善信《ふじいよしざね》という俗名を付けられて越後に送られました。これ以後親鸞聖人は、自身を「非僧非俗《ひそうひぞく》」（僧《そう》にあらず俗《ぞく》にあらず。『教行信証』後序、『註釈版聖典』四七一頁）と称されるようになり、国家に帰属しない独自の立場を表明され、念仏の教えを説き広めることに専念されるようになりました。

なお、流罪に先立って親鸞聖人は恵信尼《えしんに》さまと結婚され、そのことを社会に表明されました。そして夫婦で念仏を守り広めていくことを決断されました。親鸞聖人の結婚表明によって、以来浄土真宗の僧侶は結婚することが社会的にも認められるようになりました。

建暦元《けんりゃく》（一二一一）年十一月十七日、親鸞聖人は流罪を許されしばらく越後国に留まられましたが、その後関東に移られ、建保二《けんぽう》（一二一四、聖人四十二歳）年には上野国《こうずけのくに》（群馬県）佐貫《さぬき》を経て、常陸国《ひたちのくに》（茨城県）に至りました。そして笠間郡稲田《かさまのこおりいなだ》（笠間市）に草庵を結んで、念仏の教えを関東各地の人びとに伝え広めていかれました。このため、親鸞聖人のお念仏の教えを受けた門弟が関東一円に誕生し、各地で念仏を守るグループができていきました。親鸞聖人は自身で、「弟子《でし》一人《いちにん》ももたず候《そうろ》ふ」（『歎異抄』第六条、『同』八三五頁）とおっしゃいました。こうして、念仏の教えを受けた人びとは、阿弥陀如来のもとでお念仏をさせていただいているのだからみな平等であるとして、「門弟」と呼ばれるようになったのです。

親鸞聖人が関東でされたこととしてもう一つ重要なことは、主著である『教行信証』（正式には『顕浄土真実教行証文類』）をまとめていかれたことです。親鸞聖人は、その中で「わが元仁元年《げんにんがんねん》」（「化身土文類」、『同』四一七頁）と述べられていますので、この元仁元（一二二四）年には『教行信証』をほぼ完成に至られたようです。このことから、この年が浄土真宗の立教開宗の年と位置づけられているのです。

帰洛とご往生

親鸞聖人は、関東で約二十年間念仏の教えを広められます。そしてその後、六十歳を過ぎたころ京都に帰られました。

京都に帰られた後の親鸞聖人は、関東の門弟にお聖教《しょうぎょう》を書いて送ったり、門弟の教義に対する疑問についてお手紙（消息）を書いて答えるなどして、関東門弟との関係を維持することに努められました。

ところが、親鸞聖人が関東を離れてから二十年ほど経つと、関東門弟の中に、お念仏の教えについて自分勝手な解釈をする者が現れてきたようです。本当ならば、親鸞聖人自身が足を運んで親しくお話をして、そのような異義を正していかれるのが良いのでしょうが、聖人はすでに八十歳を過ぎておられましたのでなかなかそれが難しく、代わりに息子の慈信房善鸞《じしんぼうぜんらん》を遣わして、門弟の異義を正そうとされました。ところが、親鸞聖人から直接教えを受けた関東門弟の中にはなかなか善鸞の言うことを聞こうとしない者もあったため、善鸞は関東門弟に対して、夜密かに自分だけが親鸞聖人から聞いたことがあり、それが浄土真宗の真髄であると言い出しました。このため、関東門弟の間では動揺が広がることとなりました。このことを知った親鸞聖人は、建長《けんちょう》八（一二五六）年五月二十九日、息子の善鸞を義絶《ぎぜつ》されました。親鸞聖人八十四歳のときでした。親鸞聖人は、八十歳を過ぎた高齢となられても、自身の息子ではなくお念仏の教えの正当性を守られたのでした。

親鸞聖人は、京都に帰られてしばらくしてからは五条西洞院《にしのとういん》に居所《きょしょ》を構えて暮らしておられました。しかし、建長七（一二五五、聖人八十三歳）年十二月十日に火災に遭われました。そこで、急きょ三条富小路《とみのこうじ》にあった弟・尋有《じんう》が所有していた里坊である善法坊《ぜんぼうぼう》に居を移られました。

関東の門弟には、しばしば京都に帰られた親鸞聖人のもとを訪れる者もいました。そのような中、正嘉《しょうか》二（一二五八）年に下野国《しもつけのくに》（栃木県）高田の顕智《けんち》上人が善法坊におられた親鸞聖人を訪ねて、十二月十四日に「自然法爾《じねんほうに》の事《こと》」と題する

法語をいただかれました。この法語の中で、親鸞聖人は、

「自然《じねん》」といふは、「自《じ》」はおのづからといふ、行者《ぎょうじゃ》のはからひにあらず。「然《ねん》」といふは、しからしむといふことばなり。しからしむといふは、行者《ぎょうじゃ》のはからひにあらず、如来《にょらい》のちかひにてあるがゆゑに法爾《ほうに》といふなりなり。「法爾《ほうに》」といふは、この如来《にょらい》の御《おん》ちかひなるがゆゑに、しからしむを法爾《ほうに》といふなり。

（『親鸞聖人御消息』、『同』七六八頁）

とされています。

これによると親鸞聖人は、「自然法爾《じねんほうに》」として、浄土往生とは念仏の行者のはからいによるのではなく、阿弥陀如来のはからいによってなされるものであり、これこそがまさに他力本願であることをはっきりと示されているのです。

京都に帰り約三十年間を過ごされた親鸞聖人は、弘長《こうちょう》二年十一月二十八日（一

二六三年一月十六日）に、三条富小路の善法坊において九十歳で往生されました。

このように親鸞聖人は、永年にわたる求道と伝道を通して浄土真宗の礎を築き、私たちに他力本願の教えを示してくださったのです。

墳墓の造営と移転

墳墓の造立

弘長《こうちょう》二年十一月二十八日（一二六三年一月十六日）の未刻《ひつじのこく》（午後二時ごろ）、親鸞聖人は九十歳で往生されました。聖人の往生後のことについて、本願寺第三代・覚如《かくにょ》上人がまとめた『御伝鈔《ごでんしょう》』には、つぎのように記されています。

（前略）禅房《ぜんぼう》は長安馮翊《ちょうあんふよく》の辺《ほとり》押小路《おしこうじ》の南《みなみ》、万里小路《までのこうじ》より東《ひんがし》なれば、はるかに河東《かとう》の路《みち》を歴《へ》て、洛陽東山《らくようひがしやま》の西《にし》の麓《ふもと》、鳥部野《とりべの》の南《みなみ》の辺《ほとり》、延仁寺《えんにんじ》に葬《そう》したてまつる。遺骨《いこつ》を拾《ひろ》ひて、おなじき山《やま》の麓《ふもと》、鳥部野《とりべの》の北《きた》の辺《ほとり》、大谷《おおたに》にこれををさめをはりぬ。（後略）

（『註釈版聖典』一〇五九―一〇六〇頁）

親鸞聖人がお亡くなりになった、押小路の南万里小路の東に所在していた禅房とは、聖人の弟・尋有《じんう》の住坊《じゅうぼう》だった善法坊《ぜんぼうぼう》で、西本願寺では、現在、この場所を角坊《すみのぼう》の地としています。

親鸞聖人の遺骸は、翌二十九日に往生地から遥かに離れた鴨川を東に越えた、東山の西麓《せいろく》の鳥部野に運ばれ、鳥部野内の南にあった延仁寺で火葬に付されました。そしてその翌日の三十日には拾骨を行い、鳥部野の北の大谷に遺骨が納められて墳墓が造られました。鳥部野は鳥辺野と書かれることのほうが多いようですが、ここでは『御伝鈔』の表記に従っておきます。

京都盆地の周辺には、鳥部野のように最後に「野」という字の付いた地名がいくつかあります。たとえば、西方には、いまでは観光地として著名な嵯峨野《さがの》があり、そのさらに西には化野《あだしの》という地があります。また北方には、朱雀大路《すざくおおじ》（現在の千本通）を北に行くと、紫野《むらさきの》や蓮台野《れんだいの》という地があります。このように鳥部野とともに、京都の周辺部にある「野」の字が付く地は、古代以来、葬送の地とされていたところです。

もともと、延暦《えんりゃく》十三（七九四）年に京都の地に平安京が営まれると、平安京の京域内《きょういき》（東はいまの寺町通の辺《へん》、西はいまの天神川の辺、南はいまの九条通、北はいまの今出川通の辺の内側）は清浄を保つこととされましたので、京域内で亡くなった人はその外に運び出さなければなりませんでした。こうして京域内での衛生を保ち、疫病が流行しないようにされました。このため、平安京の周辺で葬送されるようになり、徐々に葬送の場が確定されて、「野」の字の付く場所に固定化していきました。親鸞聖人在世の平安時代末期から鎌倉時代にかけては、一般庶民もそこに埋葬されるようになっていました。

中世の鳥部野は、東山の麓で南北に長く丘陵状に延びた地で、北はいまの知恩院の辺から、南は大谷本廟の南にあたる今熊野の辺にいたる広い範囲でした。

このように鳥部野は葬送の地とされていましたので、親鸞聖人の遺骸も、この鳥部野内の南の延仁寺に運ばれて火葬に付された後、鳥部野内の北の大谷にお墓が営まれました。

当初の親鸞聖人のお墓がどこに造られたのか具体的な場所はわかっていませんが、「大谷」という場所に営まれたということからすると、いまの知恩院の辺だったと考えられます。

また、親鸞聖人のお墓について、覚如上人が製作した『御伝鈔』のもとになる絵巻物の『親鸞伝絵《でんね》』をみてみると、小さな笠が付けられた石の塔の周りを、簡単な木の柵で囲っただけの簡素なものだったことがわかります。親鸞聖人のお墓に立てられていた石の塔は、比叡山の横川《よかわ》で日本浄土教を大成させた、源信和尚（恵心僧都）のお墓と共通した「横川形式」と呼ばれるものですから、親鸞聖人と横川の関係を継承したものと考えられています。

親鸞聖人が亡くなられた後は、当時の慣習にのっとって、一般庶民も葬送される鳥部野において火葬に付されお墓が営まれました。親鸞聖人の人生を振り返ると、それはそのまま、一般庶民にお念仏の教えを伝えられた姿勢を物語っていると考えられます。つまり、当初お墓が営まれた場所は、誰もがお墓を造ることができるところだったようです。

墳墓の移転

親鸞聖人の墳墓は東山西麓の鳥部野の大谷に創られましたが、その後、約十年が経過した文永《ぶんえい》九（一二七二）年の冬、改葬されることになりました。このことについて『御伝鈔』には、つぎのように記されています。

> 文永《ぶんえい》九年冬《くねんふゆ》のころ、東山西《ひがしやまにし》の麓《ふもと》、鳥部野《とりべの》の北《きた》、大谷《おおたに》の墳墓《ふんぼ》をあらためて、おなじき麓《ふもと》よりなほ西《にし》、吉水《よしみず》の北《きた》の辺《ほとり》に遺骨《いこつ》を掘《ほ》り渡《わた》して（後略）
>
> （『註釈版聖典』一〇六〇頁）

これによると、改葬された親鸞聖人の墳墓は、当初の大谷の場所から西で、法然聖人が草庵を営みお念仏を広めておられた、吉水の北にあたる地でした。この地は、親鸞聖人の末娘の覚信尼《かくしんに》さまの居所《きょしょ》の敷地内でした。

先に述べたように、もともと親鸞聖人の墳墓が営まれた地は東山鳥部野の北の端でしたが、そこは誰でもが埋葬することのできる公共性の高い場所であったため、この地での墓所の所有権は認められませんでした。したがって、墓所を恒常的に維持管理することができなかったようです。このため、他の人が埋葬されたことによって親鸞聖人の墳墓が壊されたりして、いつの間にかなくなってしまう可能性もありました。

そのような中で、門弟の方々は、墳墓が壊されてしまっては親鸞聖人に対して申し訳ないし、聖人からいただいたお念仏のご縁を忘れられてしまうようなことになってはもったいない、と考えました。そこで、親鸞聖人の墳墓を永続的にお守りしていくためには、土地の所有権がきっちりと認められたところが必要となり、親鸞聖人の墳墓を覚信尼さまが住んでいた敷地の中に移すことになったのです。

覚信尼さまは、親鸞聖人と恵信尼さまとの間に生まれた六番目の子ども（三女）で、親鸞聖人が関東でお念仏を広めておられた元仁《げんにん》元（一二二四）年に誕生しました。その後、親鸞聖人たちの帰洛に同行して京都に移り、成人してからは堀河《ほりかわ》忠親《ただちか》や久我《こが》通光《みちみつ》に仕えて、兵衛督局《ひょうえのかみのつぼね》と称しました。

その後、覚信尼さまは日野広綱《ひろつな》と結婚しました。「日野一流系図」によると、覚信尼さまの最初の夫であった日野広綱は、親鸞聖人の父・有範《ありのり》の兄であり、親鸞聖人の出家に付き添った伯父の日野範綱《のりつな》の孫となっていますので、広綱と覚信尼さまは又従兄妹《またいとこ》にあたります。

覚信尼さまがいつ広綱と結婚したのかについては、はっきりしていませんが、嘉元《かげん》元（一二四三）年、覚信尼さまが二十歳のころには、広綱との間に長男の覚《かく》恵《え》上人が誕生したようです。ところが、広綱は覚恵上人が七歳の建長《けんちょう》元（一二四九）年ころに没しましたので、覚信尼さまは親鸞聖人のもとに身を寄せることになりました。恵信尼さまや姉二人（小黒女房《おぐろのにょうぼう》・高野禅尼《たかののぜんに》）・兄二人（栗沢信蓮房《くりさわしんれんぼう》・

益方入道《ますかたにゅうどう》）が越後国《えちごのくに》（新潟県）に移住した際にも、覚信尼さまは子どもとともに京都に留まりました。

その後、覚信尼さまは親鸞聖人のもとにいて、示寂された聖人を看取り、そのことを越後国にいた母の恵信尼さまにお手紙で報《しら》せることになったのです。親鸞聖人が示寂されたとき、覚信尼さまは三十九歳でした。

覚信尼さまは、後（おそらく親鸞聖人が示寂された後）に小野宮禅念《おのみやぜんねん》と再婚しました。禅念とは、中院《なかのいん》（小野宮）具親《ともちか》の子にあたる人物で、禅念との間には文永《ぶんえい》三（一二六六）年に唯善《ゆいぜん》が誕生していますので、先に誕生した覚恵上人にとっては異父弟《いふてい》になります。

親鸞聖人の墳墓が移された土地は、親鸞聖人がまだ在世中で覚信尼さまと結婚する前の、正嘉《しょうか》二（一二五八）年七月二十七日に、禅念が購入し所有していた地でした。

この土地は、現在の青蓮院《しょうれんいん》の西方を南北に通る東大路に面したところにあり、東大路に面した間口が南北五二・五尺（約一五・九メートル）、奥の南北が四五尺（約一三・六メートル）で、東西の長さが一一五尺（約三四・八メートル）と、少し東の方で狭くなったいびつな長方形をしていました。広さは約五一三・三平方メートル（約一五五・五坪）の面積でした。この中に、覚信尼さまたちが暮らす住居もあり、そこに親鸞聖人の墳墓も移してこられたのですから、決して十分といえるほどの広さがある土地ではなかったでしょう。

なおこの場所については、現在、浄土宗の本山である知恩院の山門の北隣にある崇泰院《そうたいいん》の本堂の裏手にあたると考えられています。

大谷廟堂の創建と真影の安置

親鸞聖人が示寂された直ぐ後に、京都東山の鳥部野の大谷に創られた聖人のお墓は、笠が付けられた簡素な石の塔だけのものでした。そして、それから約十年経った、文永《ぶんえい》九（一二七二）年の冬、末娘の覚信尼さまが住んでいた敷地にお墓が移転されたときには、聖人の遺骨とともに、当初のお墓に建てられていた石の塔も移されたようです。

親鸞聖人のお墓が移転されたことについて、『御伝鈔』には、

吉水《よしみず》の北《きた》の辺《ほとり》に遺骨《いこつ》を掘《ほ》り渡《わた》して仏閣《ぶっかく》を立《た》て、影像《えいぞう》を安《あん》ず。

（『註釈版聖典』一〇六〇頁）

とされていますので、いったん造られたお墓が移されるとともに、改葬されたお墓にはお堂が建てられて、影像が安置されたことがわかります。

親鸞聖人は、法然聖人のもとで専修念仏《せんじゅねんぶつ》を研鑽されていた、承元《じょうげん》元（一二〇七）年の三十五歳のときに、念仏停止《ちょうじ》によって越後国（新潟県）に流罪となりました。そして流罪が赦《ゆる》された後に関東に移られて、常陸国稲田《ひたちのくにいなだ》を中心に、関東の人びとに念仏を伝え広められました。このため、関東では親鸞聖人から念仏の教えを受

けた門弟がたくさん誕生しました。約二十年間、関東において念仏の教えを説き広められた聖人は京都に帰られましたが、その後も、関東の門弟は親鸞聖人の教えを守り、自分たちに念仏を伝えてくださった親鸞聖人に感謝をするとともに、聖人を慕う気持ちを持ち続けていました。そのような関東門弟の思いは、親鸞聖人が示寂された後も途絶えることがなかったのです。

そこで、親鸞聖人から直接念仏の教えを伝授された、下野国《しもつけのくに》（栃木県）高田《たかだ》の顕智《けんち》上人（高田派第三代）らを中心とした関東門弟は、親鸞聖人のお墓が移転された後、親鸞聖人のお墓が雨ざらしになっているのは忍びないと思い、お墓を雨露からお守りするための仏閣を建てることにしました。このとき、親鸞聖人のお墓に建てられた仏閣は、法然聖人のもとに行かれるきっかけとなった京都の六角堂にちなんで、六角形のお堂とされました。こうして関東門弟によって営まれたお堂は、大谷の親鸞聖人のお墓に創られたことから、「大谷廟堂《おおたにびょうどう》」と呼ばれました。

また、関東の門弟たちは、自分たちに念仏の教えを伝えてくださった親鸞聖人に感謝をする気持ちを後々まで大切に守り伝え、聖人のことを忘れないようにと、そのお姿を写した木像を造ることを進めました。そして、お墓に仏閣が造られるのとほぼ同時に、親鸞聖人の木像も安置されるようになりました。このとき、廟堂に安置された木像は、親鸞聖人を尊敬する気持ちから「御影像《ごえいぞう》」と呼ばれました。さらに、この木像は親鸞聖人の真のお姿を写したものとして尊重されるようになり、「御真影《ごしんねい》」と呼ばれるようになりました。

親鸞聖人のお墓に聖人の影像が安置されると、大谷廟堂も「大谷影堂《おおたにえいどう》」、または単に「影堂」とも呼ばれるようになり、さらに親鸞聖人への尊崇の念を込めて「御影堂《ごえいどう》」と呼ばれるようになりました。

覚如上人は、『御伝鈔』の中で、

その稟教《ほんぎょう》を重《おも》くしてかの報謝《ほうしゃ》を抽《ぬき》んづる輩《ともがら》、緇素老少《しそろうしょう》、面々《めんめん》に歩《あゆ》みを運《はこ》んで年々《ねんねん》廟堂《びょうどう》に詣《けい》す。

（『註釈版聖典』一〇六〇頁）

と記しており、他力念仏の教えを重んじて報恩謝徳にはげむ人びとは、僧俗や年齢に関わらず、親鸞聖人の廟堂に参拝にやってくるようになったとされています。

なお、このとき安置された親鸞聖人の木像（御真影）は、その後も大切に守られ、現在、本願寺の御影堂に安置されている木像こそが、これにあたります。

大谷廟堂から大谷影堂へ―留守職の成立

廟地の寄進と留守職の創始

文永九（一二七二）年に親鸞聖人の廟所が移された大谷の敷地とは、正嘉二（一二五八）年に小野宮禅念が買い取って所有していた土地でした。

文永十一年四月、禅念は大谷の地を妻の覚信尼さまに譲りました。禅念がこの敷地を、そのとき数え年九歳だった実子の唯善に譲るのではなく、あえて妻の覚信尼さまに譲ることにしたのは、親鸞聖人の廟所を敷地内に移したことについて、覚信尼さまの気持ちを最大限に尊重して配慮したものと考えられます。さらに禅念は、その後、敷地の所有権を唯善に譲るかどうかは覚信尼さまに任せるとしています。そして、翌年禅念は没しました。このようにして、親鸞聖人の廟地は禅念から覚信尼さまの所有するところとなったのです。

ところが、そこに建てられている廟堂と、廟堂に安置されている親鸞聖人の木像（御真影）は、親鸞聖人からお念仏の教えを受けた関東門弟たちが聖人への感謝をあらわすために協力して造ったものでしたので、その所有権は関東門弟たちにありました。このため、土地と建物などの所有権が異なるということになっていました。

このことによって、相続した覚信尼さまの子孫が後々になって問題になってしまったり、さらには廟堂の維持存続も危ぶまれることになるかも知れないという心配がありました。そこで覚信尼さまは、建治《けんじ》三（一二七七）年九月に敷地を親鸞聖人の廟堂に寄進しました。そしてその寄進状を、親鸞聖人の門弟の一人である下総国《しもうさのくに》猿島《さしま》（茨城県坂東市《ばんどうし》・境町《さかいまち》と古河市の一部）の常念《じょうねん》に送り、さらに同年十一月に、常陸国布川《ひたちのくにぬのかわ》（茨城県北相馬郡利根町《とねまち》布川）の教念《きょうねん》と下野国《しもつけのくに》高田（栃木県真岡市《もおかし》）の顕智《けんち》上人（高田派第三代）に送り、その内容を関東門弟に報せるように頼みました。

土地をお堂に寄進するということについて、なにか不思議に思われる人もいるかもしれません。このことは、いまの感覚で説明しますと、個人で所有していた土地を宗教法人に寄付するということに近いと理解するとわかりやすいと思います。

こうして親鸞聖人の廟地と廟堂は一体のものとなり、廟所も関東門弟たちの所有するところとなりました。ところが、関東門弟たちは生活基盤を関東においていましたので、遠く離れた京都にやって来て廟所のお世話をすることができませんでした。そこで、京都に居住している覚信尼さまは、親鸞聖人の廟所を留守にしている関東門弟に代わって預かりお守りすることとし、自分の死後は、自身の子孫の中で親鸞聖人の門弟たちの意に叶う者がこの廟所を預かり、末代までその護持をするようにと定めました。さらに、もし覚信尼さまの子孫がこの地を売ったり質に入れるなどの行為をしたならば、この寄進状を証拠として関東門弟たちが訴訟できるようにしました。

このようにして、覚信尼さまが関東門弟から廟所を預かるようになった立場を

「留守職《るすしき》」と呼ぶようになりました。

ここにある「職」を「しき」と読む場合は、中世社会でのみ使われる特有の概念です。当時の古文書などでは「軄《しき》」という字が多くあてられます。これは職業や職能を意味するものではなく、権利を伴った地位のようなものとして使用されます。このため、それ自体が相続や譲渡されたり、または売買の対象になることも可能でした。覚信尼さまは、夫の禅念から譲り受けた土地の所有権に代わって廟堂の管理者となり、その地位を子孫に受け継ぐことができるようにしたのでした。

さらに覚信尼さまは、弘安《こうあん》三（一二八〇）年十月に自身の息子の覚恵上人と唯善に署名させて、三度目の寄進状を、関東門弟で常陸国飯沼《いいぬま》（茨城県東茨城郡茨城町）に住していた、善性《ぜんしょう》の息子の智光《ちこう》と善性の同朋《どうほう》の証信《しょうしん》に送りました。

そして覚信尼さまは、弘安六（一二八三）年十一月に咽喉《のど》の病気を煩ったため、留守職を長男の覚恵上人に譲る旨を門弟に知らせて、間もなく没したのでした。

覚恵上人の留守職就任

覚信尼さまは大谷の親鸞聖人廟堂の留守職を覚恵上人に譲ることとし、そのことを関東の門弟に報せましたが、このことに関東門弟から異議が出されなかったため、覚恵上人の留守職就任は承認されたことになりました。こうして覚恵上人は、大谷廟堂の第二代留守職となりました。

それでは、覚信尼さまから留守職を譲られた覚恵上人とは、どのような人物だったのでしょうか。覚恵上人は覚信尼さまの長男ですから、親鸞聖人の孫になります。関東で生まれた覚信尼さまが親鸞聖人と一緒に京都に戻った後、しばらくして日野広綱と結婚して誕生したのが覚恵上人です。覚恵上人の父の日野広綱は、親鸞聖人が慈鎮《じちん》和尚《かしょう》のもとで出家得度されたときに聖人に伴っていったとされる、伯父の日野範綱の孫にあたります。

覚恵上人がいつ誕生したのかについては、はっきりとはわかっていません。覚恵上人は、天台宗の青蓮院尊助《そんじょ》に付いて僧侶となりましたが、親鸞聖人の弟の尋有の弟子でもありました。天台僧としての名は宗恵《そうえ》です。その後、祖父の親鸞聖人が開いた浄土真宗を修学するために天台宗を離れ、専証房《せんしょうぼう》と号して覚恵と称しました。天台宗を離れた時期については、文永七（一二七〇）年に長男の覚如上人が誕生していますので、これより少し前のことになります。なお、覚如上人は三条富小路《とみのこうじ》辺りで誕生したとされていますので、そのころ覚恵上人は、尋有の里坊で親鸞聖人が亡くなった善法坊に住んでいました。そしてその後、覚恵上人は東山大谷へ移住したようです。

仏教では、元来、戒律によって僧尼が結婚することを禁止していました。ところが、親鸞聖人自身が僧侶の立場でありながら、あえて結婚して念仏を守り広めるということを表明されました。このため浄土真宗では、親鸞聖人の前例にのっとって、僧侶の結婚が社会的にも認められるようになりました。覚恵上人は、当初天台宗の僧侶でしたが、覚如上人が誕生したことからそれ以前に結婚していたことがわかりますので、その時点で天台宗を離れて、浄土真宗の僧侶としての立場を表明したことになります。

このようにして、覚恵上人は浄土真宗の僧侶の立場を主張したようですが、覚信尼さまを始め、京都では親鸞聖人のお念仏の教えをしっかりと受け継いでいる者がいなかったようでしたので、浄土真宗の教義を深くは会得することができませんでした。

そのような状況の中、親鸞聖人には晩年に義絶《ぎぜつ》された善鸞《ぜんらん》という息子がおられましたが、弘安十（一二八七）年十一月に、その善鸞の息子であった如信《にょしん》上人が、奥州《おうしゅう》大網《おおあみ》（福島県）から京都東山大谷の親鸞聖人廟所へ参拝に来ました。そこで、覚恵上人は息子の覚如上人とともに如信上人に直接対面して、浄土真宗の深い教義を受けました。

また覚恵上人は、弘安六年に覚信尼さまから留守職を譲られてこれに就任することができたので、そのことについて関東門弟にあいさつをするとともに、関東門弟から親鸞聖人の教えの伝授をうけるために、正応《しょうおう》三（一二九〇）年三月から、息子の覚如上人を伴って関東に赴き、親鸞聖人の遺跡を巡拝しました。こうして覚恵上人は、浄土真宗の教義の伝授に尽力しました。

先にも触れたように、覚信尼さまは、最初日野広綱と結婚していましたが、広綱は親鸞聖人より先に没してしまったようです。そこで覚信尼さまは、聖人が亡くなった後に小野宮禅念と再婚しました。そして禅念との間に唯善が誕生しました。

唯善は、最初、仁和寺相応院《にんなじそうおういん》の守助《しゅじょ》の弟子となっていますので、真言宗の僧侶でした。ところが、後に真言宗を離れて、常陸国河和田《かわわだ》の唯円《ゆいえん》に師事しました。唯円は『歎異抄《たんにしょう》』の編者と考えられている人物で、親鸞聖人から教えを受けた浄土真宗の門弟でしたので、唯善はここで念仏の教えを学んだようです。

唯善は、関東において経済的に厳しい状態にあったので、覚恵上人と覚如上人が関東から帰洛して程なく、大谷に呼び寄せて同居するようになりました。

覚如上人の親鸞聖人敬慕

覚如上人は、文永七（一二七〇）年十二月二十八日に善法坊で生まれ、後に東山大谷に移りました。五歳のときから、慈信房《じしんぼう》澄海《ちょうかい》について浄土門と聖道門《しょうどうもん》の教義や詩歌などにいたるまでを学びました。そして十三歳のときには、比叡山の宗澄《しゅうちょう》から天台教学を、翌年には三井寺の浄珍《じょうちん》や奈良興福寺一乗院《いちじょういん》の信昭《しんしょう》・覚《かく》昭《しょう》について、広く仏教教学を学びました。このような関係から、弘安九（一二八六）年には、十七歳で興福寺一乗院において出家得度しました。その後も、いろいろな先学のもとで修学に努め、三十歳ごろから浄土門の西山義《せいざんぎ》や一念義《いちねんぎ》についても学ぶなど、広く仏教学全般にわたって修学をしました。

覚如上人は、親鸞聖人の末娘・覚信尼さまの長男である覚恵上人の子ですから、親鸞聖人からすると曾孫《ひまご》になります。しかし、親鸞聖人が示寂されてから約八年後に誕生しましたので、親鸞聖人とは面識がなく、聖人から直接浄土真宗の教えを受けることはできませんでした。

そのような中で、先に触れたように、弘安十（一二八七）年十一月、覚如上人が十八歳のとき、京都東山大谷の親鸞聖人廟所にお参りに来た奥州大網の如信上人から、覚恵上人と一緒に浄土真宗の教義を伝授されました。

如信上人は、親鸞聖人の息子・善鸞の長男で、嘉禎《かてい》元（一二三五）年に京都で誕生し、幼少期から親鸞聖人のもとで浄土真宗の教義を受けていました。ところが、関東門弟の間で異義がひろがると、建長《けんちょう》四（一二五二）年ころ、それを正すために親鸞聖人の名代《みょうだい》として善鸞が関東に赴きました。このとき、如信上人も父・善鸞とともに関東に行くこととなりました。善鸞は、関東門弟の異義を正すどころか、さらに混乱を増長させてしまったため、結局、康元《こうげん》元（一二五六）年五月二十九日に、親鸞聖人から義絶されてしまいました。善鸞とともに関東に赴いた如信上人も、関東に留まることになりました。如信上人は、建長四年に関東に赴いたとするとすでに十八歳になっており、それまでに親鸞聖人のもとで浄土真宗の教義を受け継いでいましたので、関東に移った後は奥州大網において念仏を広めて大網門徒を形成していきました。如信上人は、善鸞が義絶されたときには、すでに大網において門徒がいたため、京都には帰らなかったようです。

覚如上人は、こうして親鸞聖人からきっちりと浄土真宗の教えを受けていた如信上人から、その教えを伝授されました。さらに翌正応元（一二八八）年の冬、覚如上人は、上京していた常陸国河和田の唯円に浄土真宗の疑義を問いました。これも先に触れたように、唯円とは親鸞聖人の門弟で、『歎異抄』の著者と考えられていますので、浄土真宗の教義についての疑義を問い正すには、まさに的確な人物だったのでしょう。

こうして、浄土真宗の教義を確固たるものとしていった覚如上人は、子どものころから暮らしていた大谷の親鸞聖人廟所に、遠い関東の地から多くの門弟がわざわざ訪れてくることに接していました。このように、亡き後であっても人びとが慕っている親鸞聖人とはいったいどのような方であったのかを、さらに深く知りたいと考えたようです。そこで、正応三年三月、二十一歳の覚如上人は、親鸞聖人が関東でどのようなご苦労をされたのかを知るために、覚恵上人とともに関東の聖人の遺跡を巡る旅に出ました。こうして親鸞聖人の事績に接し、また聖人から教えを受けた門弟に直接会っていろいろな話を聞いた後、同五年二月に京都に帰ってきました。

そして覚如上人は、この巡拝によって親鸞聖人からお念仏の教えを受けた人びとが、聖人に感謝の気持を持っていることを深く感じ取り、その気持ちをあらわすために、永仁《えいにん》二（一二九四）年の親鸞聖人三十三回忌にあたって、『報恩講私記《ほうおんこうしき》』（『報恩講式』）を著しました。さらに翌年には、親鸞聖人のご苦労を偲び、その業績を後世の人びとに伝える目的から、親鸞聖人の生涯を説明文の詞書《ことばがき》と絵をもって著した絵巻物の「親鸞伝絵」をまとめあげたのでした。「親鸞伝絵」は、その後も覚如上人の手によって何度か改訂がなされ、内容がより充実したものとなりました。

こうして覚如上人は、ご自身が会うことができなかった親鸞聖人への敬慕の念と浄土真宗の教えの領解《りょうげ》を深めていったのでした。

「報恩講」成立について

真宗教団において広く営まれている「報恩講」は、門信徒にとって最も重要な年間行事の一つです。報恩講は親鸞聖人に対して感謝し、その遺徳を讃えるものです。真宗教団で報恩講が行われるようになったのは、覚如上人のときからです。報恩講が営まれるようになった経緯とその目的についてみていきたいと思います。

まず、「講」とはどういう意味をもつのでしょうか。講は、はじめ寺院内で経典を講ずる集まりでしたが、平安時代には貴族たちの信仰的な会合も講と呼ばれるようになり、鎌倉時代以降はさらに広まっていきました。また、報恩講と言えば、今では浄土真宗特有のものとして受けとめられていますが、古くは浄土真宗以外でも行われていました。たとえば、平安時代後期に天台宗の長守《ちょうしゅ》という僧が自身の師である知静《ちじょう》のために行った法会を報恩講と呼んだことが記録に見られます。また、鎌倉時代には、新義真言宗《しんぎしんごんしゅう》の頼瑜《らいゆ》という僧が開祖覚鑁《かくばん》の忌日に行った論議会《ろんぎえ》も報恩講と呼ばれていたようです。

浄土真宗での報恩講は、覚如上人が永仁二年に親鸞聖人の三十三回忌に際して『報恩講私記』を著したのが最初です。

覚如上人は、『報恩講私記』を三段に分けてその内容を位置付けています。その三段とは、次のものです（『註釈版聖典』一〇六六頁）。

①「真宗興隆《こうりゅう》の徳を讃ず」として、親鸞聖人が法然聖人の浄土易行《いぎょう》に帰入し真宗を開かれたのだから念仏を報恩すべし。

②「本願相応の徳を嘆ず」として、親鸞聖人は自ら他力易行の要路を明らかにされた。

③「滅後利益《めつごりやく》の徳を述す」として、親鸞聖人の遺弟は聖人の祖廟を拝して教えを弘《ひろ》める決意をすることが滅後利益である。

このなかで歴史的に注目すべきことは三つ目のもので、覚如上人は、特に親鸞聖人の遺徳を讃歎して祖廟を拝して教えを弘めるべきであるとした点です。それでは、親鸞聖人の三十三回忌にあたるこのとき、覚如上人はなぜこの三つ目を強調したのでしょうか。

覚如上人が若いころの浄土真宗は、親鸞聖人が約二十年間にわたって関東で伝道布教を行われたため、下野国高田の顕智上人や下総国横曽根《よこそね》の性信《しょうしん》などに代表されるように、直接聖人から教えを受けた門弟やそこから教えを受け継いだ門徒が関東に多くいて、そちらが中心でした。

そのような状況のなか、亡き親鸞聖人を慕い、遠く関東の地から京都にある聖人の廟所を訪ねて来る門弟たちの姿に接した覚如上人は、正応三（一二九〇）年から同五年まで、自ら関東に赴いて聖人の遺跡《ゆいせき》を巡りました。このとき、覚如上人は、親鸞聖人が開いたお念仏の教えを守り広めるべく意志を固めるとともに、親鸞聖人の遺徳に感謝し、聖人の廟堂を中心として門弟や門徒の結集を図ることにしました。そして、親鸞聖人の事績と遺徳をさらに讃仰するため、『報恩講私記』を著した翌年の永仁三（一二九五）年には、親鸞聖人の生涯を絵巻物にした『親鸞伝絵（御伝鈔）』を制作しました。

また、覚如上人がまとめた『口伝鈔』によると、元弘元《げんこう》（一三三一）年十一月の親鸞聖人の命日にあたって、報恩謝徳のために七日七夜の勤行《ごんぎょう》が営まれていたことがわかりますので、このとき既に、本願寺では七日間の報恩講が営まれていました。

こうして成立した報恩講は、本願寺だけでなく関東門弟の系譜を引く高田派や佛光寺派《ぶっこうじは》などにおいても営まれるようになっていきました。

さらに一般寺院でも、本願寺第八代・蓮如《れんにょ》上人のころから行われるようになり、江戸時代中期以降には全国の寺院にも広がっていきました。

そして明治政府が、明治六（一八七三）年から太陰暦（旧暦）に代わって、いま私たちが使っている太陽暦（グレゴリオ暦）を採用すると、本願寺では直ぐさま、親鸞聖人が亡くなられた弘長二年十一月二十八日を太陽暦に換算して、一二六三年一月十六日であったことを割り出して、この日をご満座《まんざ》として本山において報恩講が執行されるようになったのです。

覚如上人は、親鸞聖人の遺徳に感謝し念仏を称えることによって、聖人の廟所を中心に門徒の結集を図ることを目指して、報恩講を行うようにしたのです。

大谷廟地の拡張

覚恵上人の異父弟である唯善は、文永三（一二六六）年に誕生し、仁和寺の守助僧正について出家して、真言宗の僧となって鎌倉に移り住んでいました。しかしその後、浄土真宗の教えを受けるために真言宗を離れて隠遁して、常陸国河和田の唯円の門に入りました。

ところが、唯善の生活は厳しかったようで、それを見かねた覚恵上人は、唯善の一家を常陸から京都に呼び寄せて、大谷で同居するようにしました。唯善たちがいつ京都に移住したのかについては、はっきりとしたことはわかりませんが、正応三年に、覚恵上人は覚如上人とともに親鸞聖人の旧跡を巡拝するために関東に赴き、同五年に京都に帰ってきていますので、このとき関東で唯善の境遇を知り、帰洛後程なく唯善たちを呼び寄せたものと考えられます。

もともと大谷は、唯善の父の小野宮禅念が買い取って所有していた土地で、約五一三・三平方メートル（約一五五・五坪）の広さの敷地の中に、親鸞聖人の廟所とともに覚恵上人一家が暮らしていました。そこに唯善たちが同居することになったので、二家族が暮らすにはかなり狭かったようです。

そこで唯善は、大谷の南隣の地を購入して敷地を拡張することを提案しました。そして永仁四（一二九六）年の夏、唯善と親しい関係にあった常陸国奥郡《おくぐん》の門徒が上京して、土地購入について取り計らって、七月にこの地を購入しました。こうして、もともとの地は大谷北地《きたち》、新たに購入した地は大谷南地《みなみち》と呼ばれるようになりました。

大谷南地を所有していた禅日房良海《ぜんにちぼうりょうかい》がこの土地を売却するにあたって、唯善は、その地の所有者を自分とすることを望みました。ところが覚恵上人は、大谷の敷地を拡張したのだから、その所有者も門弟中とすべきで、それが覚信尼さまの素意にかなうことになる。もし、これを個人の所有としたならば、後々問題が起こりかねないと主張しました。さらに覚恵上人は、この地を門弟中の所有として、そこに唯善が住んでも差し支えがないともしました。ところが、同席していた唯善は、あまり良い顔をしなかったということです。

このとき、新たに購入された大谷南地は大谷北地とほぼ同じ広さでしたので、大谷の廟地は二倍の広さになりました。そして、従来からあった北地には覚恵上人一家が、新たに購入された南地には新坊が建てられて、唯善一家が暮らすことになりました。

このとき、大谷廟所に新たに南地が購入されたことは、後々の本願寺の歴史にとって大きな意味をもつことになります。

もともとの大谷北地には、文永九（一二七二）年に、親鸞聖人の遺骨が移されて廟所が営まれました。そしてそれとほぼ同じころに、聖人の廟所をお守りするお堂（廟堂）が建てられ、親鸞聖人の木像（御真影）が安置されました。この廟堂と木像を受け継いでいるのが御影堂です。

その後、永享《えいきょう》十（一四三八）年ころに本願寺第七代・存如《ぞんにょ》上人によって、それまで一堂とされていた本願寺は、新たに阿弥陀堂が別立されて両堂の形式となりました。このとき、親鸞聖人の遺骨を安置して創建された大谷北地の御影堂は、その場所が守られそのままとされたため、新たに建てられた阿弥陀堂は、大谷南地に建てられることになりました。本願寺では、このとき建てられた両堂の配置が、大谷以降に移転されるごとに受け継がれることとなりました。つまり、東面する両堂は、北側（向かって右）に御影堂が、南側（向かって左）に阿弥陀堂が配置されていたのです。

ところが江戸時代になって、元和《げんな》三（一六一七）年の火災によって本願寺の両堂が焼失すると、その後の寛永《かんえい》十三（一六三六）年に再建された現在の御影堂は、南側（向かって左）に建てられたため、阿弥陀堂は北側（向かって右）に再建されることになり、いまの配置とされたのです。

大谷廟堂をめぐる争い

もともと大谷影堂の留守職は、禅念が覚信尼さまと結婚する前に持っていた土地を寄進したことから成立したものですから、禅念の実子だった唯善は、父の禅念と血のつながりのない兄の覚恵上人にこれが譲られたことについて、あまり快く思わなかったようです。そこで唯善は、自分が留守職を受け継ぐべきであることを認めてもらおうと、正安《しょうあん》三（一三〇一）年から朝廷（後宇多《ごうだ》上皇）や鎌倉幕府と交渉を進めていきました。ところが、覚信尼さまが覚恵上人に譲ることを記した書類があるため、交渉をうまく進めることができませんでした。

そのような中、徳治《とくじ》元（一三〇六）年十一月、覚恵上人が病気になって臥《ふ》せると、唯善は、覚恵上人が留守職の役目ができないので代わりに自分が大谷影堂のお世話をするとして、覚恵上人から大谷影堂の鎰《かぎ》を強引に奪い取りました。

このため、大谷にいることができなくなった覚恵上人は、ここを退出して、二条朱雀の衣服寺《いぶくじ》というところに転居し、翌年四月十二日に亡くなりました。覚恵上人が亡くなったため、留守職の問題を受け継いだのが、覚恵上人の子の覚如上人でした。

覚如上人は、大谷影堂の所有権を持っていた関東門徒に協力を願いました。このため、徳治《とくじ》三年の夏に鹿島《かしま》・高田・和田の門徒たちが上京して、覚如上人と留守職の問題について話し合いました。

さらに覚如上人は、大谷影堂が所属していた青蓮院にこの問題について訴え出ました。訴えを受けた青蓮院は、延慶《えんきょう》二（一三〇九）年七月上旬に、覚如上人および門弟の代表者らと唯善を呼び寄せて対決させました。その結果、七月十九日に、青蓮院は、留守職の権利が覚恵上人から覚如上人に受け継がれていることを認めた上で、唯善がまちがっていることを責めました。

この青蓮院の裁決に対して納得がいかない唯善は、大谷影堂に入り込んで堂内を破壊して、親鸞聖人木像（御真影）の頭部をもって鎌倉に逃げてしまいました。

このようにして、大谷影堂の留守職は覚如上人の手にあることが認められ、破壊された影堂は、翌年に関東門弟の協力を受けて復旧されました。

なお、親鸞聖人御木像の頭部は、高田の顕智上人らの尽力によって大谷に返却されたとされています。

大谷影堂から本願寺へ──本願寺基礎の確立

覚如上人の留守職就任

唯善と大谷影堂をめぐる紛争中だった覚恵上人は、正安《しょうあん》四（一三〇二）年四月、関東門弟たちによって大谷影堂の留守職の立場にあることを再確認されました。そこで、覚恵上人はそれを受けて、翌五月二十二日、覚如上人に留守職を譲るという内容の譲状《ゆずりじょう》を書いて、そのことを関東門弟に報せました。ところが、このときには関東門弟は紛争中であるという理由から、覚如上人の留守職就任を承認せず、問題の解決を優先することを望みました。

延慶二（一三〇九）年七月十九日になって、覚如上人は青蓮院の裁決を受けて、ようやく留守職の問題が解決すると、覚恵上人とともに大谷を退出していた覚如上人は、大谷に戻ることを関東門弟に望みました。しかし、門弟たちは大谷影堂の紛争の責任の一端が覚如上人にもあるとして、直ぐにはこれを認めませんでした。

そこで覚如上人は、同年七月二十六日に、門弟たちに対して「十二箇条懇望《こんもう》状《じょう》」という書類を書き、八月一日に下野国の高田門徒にこれを送りました。

このとき、覚如上人が提示した「十二箇条懇望状」の内容には、まず最初に「毎日、御影堂でのお勤めを怠らず行う」ということが記されていました。また、その他の基本的な内容として、親鸞聖人の影堂は関東門弟に支配権があり、それを守るために留守職に任命されているのだから、その趣旨をしっかりと守って勝手な行動を慎み、関東門弟を尊重しなければならないということが記されていました。さらに、留守職の立場と覚如上人自身のことについて公私混同しないというものので、覚如上人はこれを守ることを門弟たちに約束したのです。

この「十二箇条懇望状」の内容は、親鸞聖人の御真影に対する姿勢として当然守るべきことから、留守職としての日常生活についての細かなことまで含まれていたり、関東門弟のことを蔑《ないがし》ろにしないといった内容が繰り返し述べられています。

このとき、覚如上人が関東門弟にわざわざこのようなことを約束しなければならなかった理由として、唯善との関係が考えられます。先にも触れたように、徳治元（一三〇六）年には、覚恵上人が病気によって留守職の職務を遂行することができなくなったことで、唯善は影堂の鎰を強引に取り上げ、覚恵上人は大谷の退出を余儀なくされました。このため、唯善が青蓮院の裁定によって大谷を出て行くことになるまでの三年間で生じた、大谷影堂の管理上の問題点を改めることを踏まえて、覚如上人が影堂管理を正常化させるという内容を確認するために、「十二箇条懇望状」は記されたものと考えられています。

このように覚如上人は、門弟に対して「十二箇条懇望状」を提出しましたが、それでも関東門弟から留守職就任を認められませんでした。そこで覚如上人は、もし留守職になることができないのならば、別に寺院を建ててそこで生涯を送ることを考え、翌延慶三年一月に、そのことを記した書類を長男の存覚《ぞんかく》上人に作らせました。そして、これを携えて関東に赴き、門弟たちと留守職就任について折《せっ》衝《しょう》にあたりました。

同年の秋、関東から帰洛した覚如上人は、ようやく門弟から留守職の就任が認められて大谷に帰ることができました。これは、覚恵上人とともに大谷を退出してから四年後のことで、覚如上人が四十一歳のときでした。こうして覚如上人は、正式に大谷影堂の守護にあたることになりました。

大谷影堂に帰ることができた覚如上人は、まず最初に、影堂の整備と親鸞聖人の木像（御真影）の修復を行いました。そして、親鸞聖人のお姿を描いた「鏡《かがみ》御《のご》影《えい》」（国宝）を修復して、その年の十一月二十八日に完成の法要を営みました。このとき修復された親鸞聖人の「鏡御影」には、横折れの跡が確認でき、唯善が大谷を出て行くときには親鸞聖人の木像を破壊したということから、「鏡御影」は親鸞聖人の木像に納められていたのではないかと考えられています。

影堂への本尊安置

東山大谷に創られた親鸞聖人の廟所には、親鸞聖人三十三回忌の永仁二（一二九四）年までに、関東門弟たちの協力のもと、親鸞聖人の木像（御真影）が安置され、聖人の廟所と木像をお守りするために、六角形のお堂（影堂）が造られました。これが、現在本願寺に安置されている御真影と御影堂の始まりです。

親鸞聖人の廟所と木像をお守りする留守職を受け継いだ本願寺第三代・覚如上人は、親鸞聖人によって開かれた浄土真宗の教えを広め、一人でも多くの人に伝えていけるようにと考えました。ところが、親鸞聖人の木像が安置されているだけの影堂で教えを説いていくと、場合によっては、親鸞聖人に対する個人崇拝と受けとめる人もあらわれるかも知れないと危惧《きぐ》したようです。本来の浄土真宗の教えは、阿弥陀如来からの信心にありますから、このように受けとめられるようなことになってしまわないようにと考えて、影堂にご本尊を安置することを進めていきました。

真宗高田派本山・専修寺《せんじゅじ》には、高田派第七代の順証《じゅんしょう》上人が僧侶を含んだ「惣《そう》門徒《もんと》」に対して宛てた手紙が残されています。これによると、高田派第五代・定《じょう》専《せん》上人のときに、覚如上人が大谷影堂において、親鸞聖人の木像を横に移して阿弥陀如来を安置しようと試みられたところ、定専上人が反対したため実現しなかったということが記されています。さらにこの手紙では、その前の第四代・専空《せんくう》上人も、大谷影堂の阿弥陀如来安置について心配したと伝えられている、とされています。この手紙には、「阿弥陀（如来）を立て」と書かれており、「立て」と表現されていることから、このとき安置しようと試みた本尊とは、阿弥陀如来の木像（立像《りつぞう》）だったことがわかります。

専空上人は、延慶三（一三一〇）年から康永《こうえい》二（一三四三）年の間、専修寺の住持《じゅうじ》を務めた人です。本願寺では覚如上人のころになりますので、そのときも覚如上人は本尊の阿弥陀如来を安置しようとしていたのです。さらに、康永二年から応安二（一三六九）年に専修寺の住持を務めた定専上人のときにも、再び大谷において阿弥陀如来木像の安置が試みられたということです。

結局、この両度の阿弥陀如来木像の安置は、高田派を代表とする関東門徒の反対を受けて断念することとなりました。ただ覚如上人は、何とか大谷にご本尊を安置したいと念願したようです。

そこで、現在、本願寺に残されている十字名号をみていきますと、これは、中央に蓮台に乗った「帰命尽十方无㝵光如来《きみょうじんじっぽうむげこうにょらい》」が墨で描かれ、その上下には覚如上人自身が書かれた讃が付けられています。この十字名号には、本願寺第八代・蓮如上人が文明《ぶんめい》十七（一四八五）年に修復したときに書き添えた裏書《うらがき》が付けられています。その裏書によると、この名号は覚如上人のときに本願寺の常住の本尊とされたものとなっています。

覚如上人が著した『改邪鈔』第二条によると、親鸞聖人は、

「帰命尽十方無礙光如来《きみょうじんじっぽうむげこうにょらい》」をもつて真宗《しんしゅう》の御本尊《ごほんぞん》とあがめましましき。

（『註釈版聖典』九二〇頁）

とされていますので、このことを覚如上人も尊重し、十字名号を本尊としたものと考えられます。

浄土真宗では、名号も絵像も木像も、同じように阿弥陀如来をあらわすご本尊とされます。中でも十字名号は、親鸞聖人が最も多く作られた本尊でしたので、覚如上人はその親鸞聖人のおこころを示そうとして、聖人のお木像が安置されている大谷の影堂に、このような十字名号を安置することにしたのではないでしょうか。

覚如上人は、親鸞聖人の廟所から発展した影堂に、聖人が尊重された十字名号を安置することで、これをご本尊として親鸞聖人が開かれた念仏の教えを広めていくことを決意したのでしょう。

なお、先の高田派の順証上人の手紙では、この度も大谷では阿弥陀如来木像を安置しようとしたため反対したが、聞き入れられないとあります。順証上人は、康暦《こうりゃく》二（一三八〇）年から明徳《めいとく》元（一三九〇）年の間、専修寺の住持を務めたとされています。本願寺では、第四代・善如《ぜんにょ》上人の晩年から第五代・綽如《しゃくにょ》上人の時代にあたりますので、このとき、親鸞聖人の木像とともに阿弥陀如来の木像が安置されることになったようです。

影堂から本願寺へ

永仁三（一二九五）年までに、京都東山大谷に造営された親鸞聖人の墓所に親鸞聖人の木像（御真影）が安置されたことで、廟堂が影堂と呼ばれるようになっていきました。

応長《おうちょう》元（一三一一）年五月、覚如上人は、越前国大町《えちぜんのくにおおまち》（福井市）の如道《にょどう》（如導）に対して、『教行信証』の講義を行いました。ただ、実際に講義を行ったのは、覚如上人長男の存覚上人でした。このとき、覚如上人は親鸞聖人の御影である「鏡御影」を携えて赴いていますので、おそらく如道に講義が行われるにあたって、この鏡御影を安置していたものと考えられます。

覚如上人が『教行信証』の講義にあたって、なぜわざわざ「鏡御影」を安置したのかについては、覚如上人なり存覚上人が人師《にんし》として講義するのではなく、浄土真宗の教えを「祖師」の親鸞聖人から伝授されるという形式をとったものと考えられます。こうして覚如上人は、親鸞聖人によって開かれた教えを伝授していくという新たな伝道活動を始めたのです。

なお、如道は越前三門徒の実質的な祖とされる人物で、高田派の真仏《しんぶつ》上人の系譜につながる三河国《みかわのくに》和田門徒の流れをくみますが、このとき、覚如上人から『教行信証』の伝授を受けたことから、以後は覚如上人の門弟となりました。

覚如上人は、正和《しょうわ》元（一三一二）年が如信上人（本願寺第二代）の十三回忌にあたることから、その法要を執り行うために、前年の冬から奥州に赴きました。このとき、覚如上人は、奥州浅香《あさか》（福島県郡山市《こおりやまし》）の法智《ほうち》から「専修寺」の寺号を掲げるように勧められたため、正和元年の夏になって、大谷の影堂に寺号額を掲げました。法智は、大谷をめぐる争いの後の復旧にあたって大いに尽力した人物でした。また、その額字を書いたのは、当時、能書家として知られた世尊寺経《せそんじつね》尹《まさ》だったとされています。

ところが、この「専修寺」の号について、比叡山から抗議がなされました。それは、「一向専修《いっこうせんじゅ》」はかつて朝廷から停止されたものであるため、いまここで、それに由来する「専修」を寺号として用いることはならないというものでした。この抗議に対して、大谷の方から比叡山にいろいろと交渉を行ったようですが、結局、この年の秋になって、「専修寺」の寺号額を撤去せざるを得なくなりました。そして、このとき大谷から撤去された「専修寺」の寺号額は法智が持ち帰り、自身の寺に掲げたとされています。

このように、覚如上人は、大谷の影堂に一旦掲げた「専修寺」の額を撤去しましたが、何とか寺号を名のりたいと念願していました。

そのような中、これより先の乾元《けんげん》年間（一三〇二〜〇三）のころ、「一向衆（宗）」が鎌倉幕府から停止を命じられていました。しかし、このとき禁止された一向衆とは、一遍《いっぺん》から始まる時宗《じしゅう》の徒などであったため、親鸞聖人の教えを受け継ぐ浄土真宗の徒は、この系譜と違うことを幕府に訴えました。そして嘉元《かげん》二（一三〇四）年に、唯善が幕府から親鸞聖人の門流は禁圧の一向衆の徒とは区別するという趣旨の保証を受けていました。ところが、その後も一向衆の混用が行われていたため、元亨元（一三二一）年二月、覚如上人は鎌倉幕府に対して、親鸞聖人の門弟は禁止されている一向衆の徒と違うことを訴え出ました。そのとき提出された「門《もん》弟《てい》等《ら》愁申状《しゅうしんじょう》」の冒頭に、覚如上人は、「本願寺親鸞上人門弟等謹《つつしんで》言上《ごんじょうす》」と明記しました。この書類は正式に鎌倉幕府に提出されたものですから、このときにはすでに大谷の影堂は「本願寺」という寺号を公式に名のっていたことがわかりますし、本願寺の寺号が使われ始めたのは、正和元年に「専修寺」の額を撤去してさほど年数の経っていない時期だったものと考えられています。

覚如上人は、これより前に、影堂に十字名号を本尊として安置したようですから、こうして親鸞聖人の墓所から始まった大谷の影堂を正式な寺院へと整備発展させていったのです。

なお、大谷の親鸞聖人木像をお守りするために建てられた影堂は、当初、六角形の御堂《みどう》でしたが、建武《けんむ》三（一三三六）年五月に入京した足利尊氏《あしかがたかうじ》による兵火で焼失しました。そこで、暦応《りゃくおう》元（一三三八）年十一月、高田の専空上人らの尽力によって既存のお堂を購入して再建されましたので、以来方形の御堂となりました。

三代伝持の血脈

覚如上人は、元亨元年以前に、親鸞聖人の廟所に対して「本願寺」の寺号を称して、寺院化をとげました。

覚如上人は、さまざまな理由で浄土真宗を学ぶ機会がありませんでしたが、一方では親鸞聖人の廟所で成長しましたので、聖人が開いた浄土真宗を理解する必要性を感じるようになっていました。さらには、このころの教義の継承として、教義の継承者と認められた者から、直接教えを受け継ぐ「面授口決《めんじゅくけつ》」が尊重され、親鸞聖人から直接教えを受けたことを認められた門弟のどの系譜に属しているかという「相承《そうじょう》」が重視されていました。このため、親鸞聖人が著した聖教《しょうぎょう》をいくら読んで自身で理解したとしても、浄土真宗教義の継承者として認められませんでした。

そこで覚如上人は、弘安《こうあん》十（一二八七）年十一月に上洛してきた奥州大網（福島県白河市《しらかわし》）の如信上人に東山の大谷で会って、浄土真宗の法門を受けました。さらに正応三（一二九〇）年から、父の覚恵上人とともに親鸞聖人の遺跡を巡拝するために関東に赴いていますが、その途中で、相模国余綾《さがみのくによろき》（神奈川県大磯町辺）において如信上人に会って、浄土真宗の奥義《おうぎ》を受けました。こうして、覚如上人は如信上人から浄土真宗の系譜を継承することになったのです。

覚如上人は、元弘元（一三三一）年に『口伝鈔』を著し、

本願寺《ほんがんじ》の鸞聖人《らんしょうにん》（親鸞）、如信上人《にょしんしょうにん》に対《たい》しましまして、をりをりの御物語《おんものがたり》の条々《じょうじょう》。

（『註釈版聖典』八七一頁）

として、親鸞聖人から如信上人に伝持された内容を、

先師上人《せんししょうにん》　釈如信《しゃくにょしん》　面授口決《めんじゅくけつ》の専心《せんしん》・専修《せんじゅ》・別発《べつぽつ》の願《がん》を談話《だんわ》するのついでに、伝持《でんじ》したてまつるところの祖師聖人《そししょうにん》の御《ご》己証《こしょう》、相承《そうじょう》したてまつるところの他力真宗《たりきしんしゅう》の肝要《かんよう》

（『同』九一三頁）

として筆記したとしています。また覚如上人は、建武四（一三三七）年には『改邪鈔』を著して、

黒谷《くろだに》・本願寺《ほんがんじ》・大網《おおあみ》　伝持《でんじ》の血脈《けちみゃく》（『同』九四六頁）

を自身が受け継いだことを示しました。

このように覚如上人は、法然聖人から親鸞聖人、さらに如信上人へと、浄土真宗の法脈が確かに自身に受け継がれたことを血統になぞらえてあらわす「三代伝持《さんだいでんじ》の血脈」を明らかにしました。このため、如信上人が本願寺の第二代とされているのです。

第三章　蓮如上人の生涯とその教え

清岡隆文

蓮如上人のご事跡

御再興上人

第三章では、浄土真宗では中興《ちゅうこう》の祖と呼ばれている、本願寺第八代・蓮如上人（一四一五―一四九九）のご生涯とその教えについて、学んでいきましょう。

浄土真宗本願寺派では、毎年四月十三日・十四日に、京都・山科別院《やましなべついん》において中宗会《ちゅうそうえ》（蓮如上人のご法要）が勤められています。江戸時代の学僧・玄智《げんち》が著した『考信録《こうしんろく》』にも、

当宗には、蓮如師を専ら中興の宗主と称し

（『新編真宗全書　史伝編二』二〇〇頁、原片仮名）

とあり、蓮如上人は中興上人として広く受け入れられています。蓮如上人の生涯

を振り返ってみますと、長禄元《ちょうろく》（一四五七）年、第七代・存如上人のご往生の後、四十三歳で本願寺第八代宗主となられました。継職されてからも、本願寺の状況は極めて厳しいものでした。『本福寺《ほんぷくじ》由来記《ゆらいき》』には、

御本寺様（本願寺）は人《じん》せきたへて、参詣の人一人もみえさせたまはず。さびさびとすみておはします。

（『浄土真宗聖典全書㈥　補遺篇』九〇二頁・上、括弧内引用者）

と記されているように、お参りする人もなく閑散としたようすが想像されます。それから四十年ほどの間で、やがて全国にその教線が拡がることになる礎《いしずえ》が築かれることになります。それには、なによりも精力的に伝道されたことがあったことは言うまでもありません。蓮如上人はその方途として、『正信偈和讃』の刊行（文明五年、一四七三）や朝暮の勤行にそれをもちいること、また『御文章』の製作、

名号本尊の授与などをされたことがあげられます。さらには伝道の拠点として、吉崎坊舎・山科本願寺・大坂坊舎の建立にも取り組まれます。

ところで、蓮如上人の第七男・蓮悟《れんご》がその言行を集め、第十男の実悟《じつご》が記録したものを、蓮悟の第三子・兼興《けんこう》が添削したといわれる『蓮如上人遺徳記』には、蓮如上人について、

真宗再興とも一派再興とも称せり

（巻上、『浄土真宗聖典全書㈤　相伝篇下』趣意）

とありますので、御再興上人とも呼ばれるのです。この呼称については、以下の状況をも考慮しなければなりません。

すなわち寛正《かんしょう》六（一四六五）年、五十一歳のとき、蓮如上人は比叡山の衆徒によって大谷本願寺が破却された「寛正《かんしょう》の法難《ほうなん》」によって、親鸞聖人の御影像と

ともに各地を巡られることになります。その間、つねに本願寺の再建の願望を強くもたれた蓮如上人は、やがて文明十二（一四八〇）年、六十六歳のとき、山科に御影堂が完成して、御影像を移し安置されます。このように、苦節十五年にして事実上の本願寺の再建がなされました。この本願寺の再興の意をもって、御再興上人と仰ぐことも忘れてはなりません。

いま、蓮如上人の法語や言行が集められた『蓮如上人御一代記聞書』（以下『聞書』と略記）によりますと、上人を〈中興〉をもって呼称する箇所はなく、〈再興〉の表現で記されています。まず、その箇所を取り出して考えてみることにします。

開山聖人《かいさんしょうにん》（親鸞）、上様《うえさま》（蓮如）に現《げん》じましまして、御一流《ごいちりゅう》を御再興《ごさいこう》にて御《ご》座候《ざそうろ》ふと申《もう》しいだすべきと存《ぞん》ずるところに、（中略）さては開山聖人《かいさんしょうにん》の御再《ごさい》誕《たん》と、それより信仰申《しんこうもう》すことに候《そうら》ひき。

（第十三条、『註釈版聖典』一二三六頁、括弧内引用者）

御病中《ごびょうちゅう》に蓮如上人《れんにょしょうにん》仰《おお》せられ候《そうろ》ふ。御代《ごだい》に仏法《ぶっぽう》を是非《ぜひ》とも御再興《ごさいこう》あらんと思《おぼ》し召《め》し候《そうろ》ふ御念力《ごねんりき》一《ひと》つにて
（第百四十三条、『同』一二七六頁）

おなじく仰《おお》せに、なにごとをも思《おぼ》し召《め》すままに御沙汰《ごさた》あり。聖人《しょうにん》の御一流《ごいちりゅう》をも御再興候《ごさいこうそうら》ひて、本堂《ほんどう》・御影堂《ごえいどう》をもたてられ
（第百六十四条、『同』一二八二―一二八三頁）

これらの記述からは、どこまでもご法義による隆盛を願われての〈再興〉であったことがうかがえます。そのために、「本堂・御影堂をもたてられ」という、建立ならびに整備が進められたと考えるべきでしょう。さらに、この〈再興〉の意義を明白にするのが、つぎの条文です。

聖人《しょうにん》（親鸞）の御流《ごりゅう》はたのむ一念《いちねん》のところ肝要《かんよう》なり。ゆゑに、たのむとい

ふことをば代々《だいだい》あそばしおかれ候《そうら》へども、くはしくなにとたのめといふことをしらざりき。しかれば、前々住上人《ぜんぜんじゅうしょうにん》（蓮如）の御代《ごだい》に、『御文《おふみ》』を御作《おんつく》り候《そうら》ひて、「雑行《ぞうぎょう》をすてて、後生《ごしょう》たすけたまへと一心《いっしん》に弥陀《みだ》をたのめ」と、あきらかにしらせられ候《そうろ》ふ。しかれば、御再興《ごさいこう》の上人《しょうにん》にてましますものなり。

（第百八十八条、『同』一二九〇—一二九一頁）

浄土真宗の教義の要である信心について、それまでも「たのむ」という表現が用いられていましたが、「くわしく何とたのめ」ということについての指示がありませんでした。それを、蓮如上人が「雑行をすてて、後生たすけたまへと一心に弥陀をたのめ」と明示されました。この表現によって的確に他力信心のありさまを述べられたところに、御再興の上人といわれる面目があることを、まず心しておかねばなりません。このことについては、いずれ詳述することになります。

名号本尊―南無阿弥陀仏のこころ―

蓮如上人は、当初、十字名号（帰命尽十方無礙光如来）を授与されていましたが、とくに吉崎において急速に門徒が増加して名号本尊の需要が多くなり、それに対応するために、簡素な草書の六字名号が中心となりました。その数は、一日に二、三百枚書かれることにもなります（実悟『本願寺作法之次第《さほうのしだい》』第四十条による）。そこであるとき、「自分ほど名号を多く書いた人はいないであろう」と言われ、そばで門弟の慶聞坊《きょうもんぼう》が「いや、日本はもとより、中国・インドにもないでしょう」とこたえると、上人は「なるほど、そうかもしれぬ」と結ばれた、というのです（『空善聞書』第四十一条の意）。

さらに、蓮如上人が各地の門弟の要望に応えて、真宗教義の要を平易な消息（手紙）をもって著されたのが「御文章」であり、それは文書伝道という形をとった教化でありました。すでに親鸞聖人の「御消息」があって、その影響を受けておられると考えられますが、さらにそれを広げて、どのような人にも理解できるように配慮されて書かれています。この「御文章」は、四十七歳から書きはじめられ、八十五歳でご往生される前年まで記されていますので、たいへんな数になります。ただ今日まで残るものは二百数十通で、これらの中から、門徒教化のうえで大切と思える八十通を選んで五帖にまとめられたのが、『帖内《じょうない》御文章』です。さらに、これらの中からとくに教化に大切な何通かを抜き出して、『御加《おくわえの》御文章』として一冊にしたものが、門信徒の家庭に備えられてきました。

この五帖の『帖内御文章』では、第一帖から第四帖までは書かれた年月日の順番になっています。その中で、第一帖（十五通）と第二帖（十五通）、そして第三帖の最初から第十通までは、吉崎において出されていますので、『帖内御文章』の全八十通の半数が、ここで発信されていることになります。なぜ多くの「御文章」が吉崎において出されたのか、その背景にも注目しなければなりません。それは吉崎において、多数の人々が短期間のうちに教えのもとに集まるようになり、蓮如上人は、この組織をいかにまとめ教義に乱れがでないようにするか、という問題に直面しなければならなかったことが考えられます。とにかく、蓮如上人はそのご生涯において、先に述べたように多数の六字名号を授与されていますので、これに関連して、南無阿弥陀仏（六字）の解釈に関する「御文章」も少なくありません。

　ここでは、吉崎滞在中に著わされた「御文章」の中で、三帖目第八通を中心に味わってみます。

　この「御文章」では、当時、越前やその近隣地域にひろまっていた〈十劫安《じっこうあん》心《じん》〉を批判し、正しい法義は真実信心によるべきことを述べられ、そこに六字名号の解釈がうかがえます。ここで最初に書かれている〈十劫安心〉とは、いまから十劫（非常に長い時間）の昔に阿弥陀仏がさとりを成就（成し遂げる）されたとき、すでに衆生の往生も成就されており、このことを忘れないのが信心であると理解するものです。これを真宗では〈十劫安心〉といい、異《い》安心《あんじん》（正しい教義とは異なった理解にもとづく信心）とします。

それに続いて、この「御文章」では、

これによりて、当流安心《とうりゅうあんじん》のそのすがたをあらはさば、すなはち南無阿弥陀《なもあみだ》仏《ぶつ》の体《たい》をよくこころうるをもつて、他力信心《たりきしんじん》をえたるとはいふなり。

（『註釈版聖典』一一四八―一一四九頁）

として、善導大師の『観経疏』玄義分「六字釈」の文（『註釈版聖典（七祖篇）』三二五頁）が引かれています。善導大師は、「南無阿弥陀仏」という六字について、「南無」の二字には帰命と発願回向の二つの意味があり、「阿弥陀仏」の四字はその行である、と述べておられます。そしてこれによって、私たちが阿弥陀仏の浄土に往生するのに必要な願も行もそなわった南無阿弥陀仏が完成された、と示されます。

これを受けられた親鸞聖人は、『教行信証』行文類（『註釈版聖典』一七〇頁）や

『尊号真像銘文』（『同』六五五頁）によって、「智慧と慈悲を完全にそなえたわれにまかせよ」と、阿弥陀如来がいま私に喚《よ》びかけてくださっているので、名号である南無阿弥陀仏のはたらきひとつで救いは成立する、と解釈されます。ですから、如来の願いをおおせのままに受けることを浄土真宗の信心というのです。この「御文章」では、

かくのごとくこころえたらん人々《ひとびと》は、いよいよ弥陀如来《みだにょらい》の御恩徳《ごおんどく》の深遠《じんのん》なることを信知《しんち》して、行住坐臥《ぎょうじゅうざが》に称名念仏《しょうみょうねんぶつ》すべし。（『註釈版聖典』一一四九頁）

と述べられたうえで、

憶念弥陀仏本願《おくねんみだぶつほんがん》
自然即時入必定《じねんそくじにゅうひつじょう》

唯能常《ゆいのうじょう》 称《しょう》 如来号《にょらいごう》
応報《おうほう》大悲《だいひ》弘誓《ぐぜい》恩《おん》
（『日常勤行聖典』二〇頁）

（弥陀仏《みだぶつ》の本願《ほんがん》を憶念《おくねん》すれば、自然《じねん》に即《そく》の時《とき》必定《ひつじょう》に入《い》る。ただよくつねに弥陀《みだ》の号《みな》を称《しょう》して、大悲弘誓《だいひぐぜい》の恩《おん》を報《ほう》ずべしといへり。『註釈版聖典』二〇五頁）

という「正信偈」の文を引いて結ばれています。

『御文章』を解説した江戸時代の学僧・道隠《どうおん》の『御文明燈鈔《おふみみょうとうしょう》』では、〈十劫安心〉について、「薬があることを知っていて服用しない、また船があることを知りながら乗らないようなものだ」と批判しています。

『正信偈和讃』の開版

現在、浄土真宗の日常のお勤めには多種多様の聖典が利用されていますが、そのほとんどの聖典には「正信偈」が載せられ、それも聖典の最初にでているものが少なくありません。実悟が著わした『本願寺作法之次第』には、

当流の朝暮の勤行、念仏に和讃六首加へて御申候事は近代の事にて候。昔も加様には御申ありつる事有げに候へ共、朝暮になく候つるときこえ申候。存如上人御代まで、六時礼讃《ろくじらいさん》にて候つるとの事に候。

（『浄土真宗聖典全書㈤　相伝篇・下』一〇〇八頁・下）

とあります。それ以前は、善導大師の『六時礼讃』（『往生礼讃』）を主としてもちいていたのですが、蓮如上人が、吉崎滞在中の文明五（一四七三）年に『正信偈和讃』を開版し、その普及をはかられることによって、仏前の朝暮の勤行にこれをとなえるようになっていきました。

『正信偈和讃』は、親鸞聖人が著わされた『教行信証』行文類末の「正信偈」

と「三帖和讃」を合わせたものです。この編集の背景には、蓮如上人が熱心に『教行信証』を学び続けられたことがあります。そして、真宗の肝要がこの「正信偈」にあると受けとめられたと推察できます。このことは、上人の研鑽が、存覚上人の『六要鈔《ろくようしょう》』を参考にされた著作『正信偈大意《しょうしんげたいい》』として残されていることによっても知ることができます。

このように「正信偈和讃」を重視された蓮如上人ですが、一人ひとりの僧に、「朝夕に、『正信偈和讃』をお勤めして念仏するのは、往生の因となると思うか、それともならないと思うか」と尋ねられて、その返答がまちまちであることを受けて、『聞書』第三十二条では、つぎのように話されています。

「正信偈和讃」は、衆生が弥陀如来を信じておまかせし、この信心を因として、このたび浄土に往生させていただくという道理をお示しくださったものである。そのように聞いて信心を得て、ありがたいことであると仏恩の深いことを、親鸞聖人の前で喜ばせていただくこころなのである。

（『註釈版聖典』一二四二頁、趣意）

『聞書』第十一条（『同』一二三五頁）にも同様のことが述べられ、このように『正信偈和讃』について、繰り返し繰り返し蓮如上人は仰せになっています。

さらに、「御文章」では「正信偈」の文をそのままひかれるところがありますが、とくに、『御文章』三帖目第六通（『註釈版聖典』一一四四頁）や『同』三帖目第八通（『註釈版聖典』一一四八頁）での、「唯能常称如来号　応報大悲弘誓恩」（「正信偈」）の引用に注目してみます。三帖目第六通は、文明六（一四七四）年九月六日に書かれていますので、それは上に挙げた『正信偈和讃』開版の翌年のことです。この「御文章」では、先にも述べたように、まず「六字釈」（南無阿弥陀仏の解釈）をされ、南無の二字には帰命と発願回向《ほつがんえこう》との意義があり、また南無が願であって阿弥陀仏が行である、と述べられています。すでに親鸞聖人によって、南無阿弥陀仏とは、阿弥陀如来の「必ず救う、われにまかせよ」との仰せであり、私たちにその仰せのとおりにしたがわせるはたらきである、と示されています。そこで私たちの信心は、そのとおりに「おまかせします」といただくところにめぐまれるのです。

つぎに、この「御文章」では『無量寿経』第十八願成就文の、

聞其名号、信心歓喜

（『浄土真宗聖典全書(一)　三経七祖篇』四三頁）

（その名号《みょうごう》を聞《き》きて信心歓喜《しんじんかんぎ》せんこと『註釈版聖典』四一頁）

を引いて、

「信心歓喜《しんじんかんぎ》」といふは、すなはち信心定《しんじんさだ》まりぬれば、浄土《じょうど》の往生《おうじょう》は疑《うたがい》なくおもうてよろこぶこころなり。

（『註釈版聖典』一一四五頁）

と書かれています。これに続く文の終わりには、「唯能常称如来号　応報大悲弘誓恩」と「正信偈」の文が引用されていますが、これは、念仏することが私の行為として救いの因となるのではなくて、ただ救われているご恩をよろこび、それがいま念仏の声として出ている、ということを示されたものです。

本願におまかせしたうえでの念仏は、いかなる時や場所においても御恩報謝の念仏であることを、蓮如上人は説いておられます。たとえば、『聞書』第百七十九条では、

信《しん》のうへは、たふとく思《おも》ひて申《もう》す念仏《ねんぶつ》も、またふと申《もう》す念仏《ねんぶつ》も仏恩《ぶっとん》にそなはるなり。他宗《たしゅう》には親《おや》のため、またなにのためなんどとて念仏《ねんぶつ》をつかふなり。聖人《しょうにん》（親鸞）の御一流《ごいちりゅう》には弥陀《みだ》をたのむが念仏《ねんぶつ》なり。そのうへの称名《しょうみょう》は、なにともあれ仏恩《ぶっとん》になるものなりと仰《おお》せられ候《そうろ》ふ云々《うんぬん》。（『同』一二八七頁）

と述べられています。

『御文章』三帖目第六通は、引用された「正信偈」のこの語句にポイントがあることから、〈唯能常称の章〉と呼ばれています。

坊舎の建立―真宗の繁昌―

蓮如聖人が宗主を継職されて八年後の寛正六（一四六五）年、比叡山衆徒による「寛正の法難」によって大谷本願寺は破壊されます。そしてそれ以来、蓮如上人は、親鸞聖人の御影像を近江国《おおみのくに》に移し安置され、ご自身はさらに各処を転々とされることになります。そののち、越前吉崎に向かわれますが、これについて〈吉崎建立の章〉といわれる『御文章』一帖目第八通には、

文明《ぶんめい》第三《だいさん》初夏《しょか》上旬《じょうじゅん》のころより、江州《ごうしゅう》志賀郡《しがのこおり》大津《おおつ》三井寺《みいでら》南別所辺《みなみべっしょへん》より、なにとなくふとしのび出《い》でて、越前《えちぜん》・加賀《かが》諸所《しょしょ》を経回《けいがい》せしめをはりぬ。よつて

当国細呂宜郷《とうごくほそろぎのごう》内吉崎《うちよしざき》といふこの在所《ざいしょ》、すぐれておもしろきあひだ、年来虎狼《ねんらいころう》のすみなれしこの山中《さんちゅう》をひきたひらげて、七月二十七日《しちがつにじゅうしちにち》よりかたのごとく一宇《いちう》を建立《こんりゅう》して

（『註釈版聖典』一〇九五頁）

と、吉崎坊舎の創建の事情がうかがえます。

さらに文明十（一四七八）年、蓮如上人は本願寺を再建するために、山科に移住されています。本願寺の本拠を確立することは、「寛正の法難」によって本願寺が破壊されて以降、十三年間、北陸および近畿各地に移り住む中であたためられていた懸案であり、長年の念願であったと思われます。文明十二（一四八〇）年、御影堂が建立され、八月二十八日には仮仏壇をこしらえて、まず親鸞聖人の絵像が安置されたとき、蓮如上人は、

私がこれまで各地をめぐっていた時、こころの中で生きている間にこの御影

堂を完成させて、こころやすらかに往生したいものと念願していたことが、今月今夜に成就したのである。嬉しくも尊くも思いつつ、その夜の明け方まで一睡もしなかった。

（『帖外御文章』、『浄土真宗聖典全書(五)　相伝篇下』三九三頁、趣意）

と述べておられます。この山科本願寺の完成によって念願がかなえられるとともに、佛光寺の門徒が数多く本願寺に加わることになって、教団は大きく拡がることになりました。しかし、そこから生じる達成感は、一方では、はからずもある種のゆるみを起こすことにもなって、ご法義をおろそかにする風潮すら出ることになります。

このことについて、蓮如上人は、

山科殿御建立候て以後、七、八年の時分までは、御流中絶のやうに候き。

（『栄玄聞書《えいげんききがき》』、『浄土真宗聖典全書㈤　相伝篇下』一〇一五頁・下）

と憂慮されて、延徳《えんとく》元（一四八九）年に寺務を実如《じつにょ》上人に譲られます。そして、それからは自ら伝道に専念され、他力信心の浸透こそ教団の繁栄であるとの決意を新たにして、近江・摂津《せっつ》・河内《かわち》・和泉《いずみ》地域を往来されます。その中で、明応《めいおう》五年（一四九六、上人八十二歳）には、摂津国《せっつのくに》東成郡《ひがしなりのこおり》生玉《いくたま》の庄内《しょうない》大坂《おおざか》に坊舎の建立を思いたたれます。その意図については、明応《めいおう》七（一四九八）年十一月の報恩講に合わせて書かれた「御文章」〈大坂建立の章〉に記されています。

生涯、数多くの寺院や坊舎の建立に情熱をそそがれた蓮如上人を通して、真宗寺院のあり方が明らかになってきます。毎年の報恩講において、本山や別院、そして各地の寺院でたびたび拝読される、この〈大坂建立の章〉では、

この在所《ざいしょ》に居住《きょじゅう》せしむる根元《こんげん》は、あながちに一生涯《いっしょうがい》をこころやすく過《す》ごし、

栄華栄耀《えいがえいよう》をこのみ、また花鳥風月《かちょうふうげつ》にもこゝろをよせず、あはれ無上菩提《むじょうぼだい》のためには信心決定《しんじんけつじょう》の行者《ぎょうじゃ》も繁昌《はんじょう》せしめ、念仏《ねんぶつ》をも申《もう》さんともがらも出来《しゅつらい》せしむるやうにもあれかしと、おもふ一念《いちねん》のこころざしをはこぶばかりなり。

（『御文章』四帖目第十五通、『註釈版聖典』一一八七―一一八八頁）

と記されています。大坂に坊舎を設けるのは、老後の隠居所として花鳥風月を楽しむためではなく、まことの信心の人々でにぎわい、念仏者が多く育ってほしいと願うばかりであるからである、と建立の意図を述べておられるのです。

また先に挙げた〈吉崎建立の章〉では、吉崎坊舎の建立以来、近隣はもとより、遠方各地からも多くの人々が参集し、たいへんなにぎわいとなっていることが記されています。しかし、この繁栄は既存の寺社との間に摩擦を生じさせました。このため、やがて吉崎への人々の出入りが禁止されることになります。なんのために人々が集まっているのかが判然としない状況を目にされ、蓮如上人が出入り禁止の決断をされた背景には、この地に暮らしているわけは、人間としての生を受け、遇いがたい仏法をいただいている身でありながら、むなしく地獄に沈むことは歎かわしいとの憂慮があります。そこで、

念仏《ねんぶつ》の信心《しんじん》を決定《けつじょう》して極楽《ごくらく》の往生《おうじょう》をとげんとおもはざらん人々《ひとびと》は、なにしにこの在所《ざいしょ》へ来集《らいじゅう》せんこと、かなふべからざるよしの成敗《せいばい》（出入り禁止のこと）くはへをはりぬ。

（『御文章』一帖目第八通、『同』一〇九五頁、括弧内引用者）

と明言されています。

一宗《いっしゅう》の繁昌《はんじょう》と申《もう》すは、人《ひと》のおほくあつまり、威《い》のおほきなること（勢力の大きいこと）にてはなく候《そうろ》ふ。一人《いちにん》なりとも、人《ひと》の信《しん》をとるが、一宗《いっしゅう》の繁《はん》

昌《じょう》に候《そうろ》ふ。

（『聞書』第百二十一条、『同』一二七一頁、括弧内引用者）

ということを心がけたいと思います。

蓮如上人の姿勢と法座

上人は、時代をさきどりする慧眼《けいがん》をそなえた卓抜の伝道者であるとともに、敏腕のオルガナイザーでもある。親鸞聖人《しんらんしょうにん》の浄土真宗を、日本国中いたるくまなく弘布《ぐふ》し、弱小教団の本願寺を最強の組織に発展させた。

（『蓮如上人ものがたり』四頁）

このように、龍谷大学学長であった千葉乗隆《じょうりゅう》氏は語られます。その伝道活動には、上人の社会動向の的確な把握と、その中での教団の結束を固めることへの強い情熱がありました。いま、その姿勢と浄土真宗における法座のあり方について考えてみます。

先にも述べたように、蓮如上人が書かれた『御文章』の中で、とくに大切なものを後に選びだして編集されたのが、五帖八十通の『帖内御文章』です。その中でも、とくに文末に文明三年七月十五日と記されている一帖目第一通（『註釈版聖典』一〇八三―一〇八四頁）の内容からは、この「御文章」が『帖内御文章』の最初とされるような大切な位置づけが浮かび上がってきます。それは次のようなものです。

ある人が、「浄土真宗では、僧侶は門徒を必ずわが弟子と心得るべきでしょうか、それとも如来さまのお弟子、親鸞聖人のお弟子と言うべきでしょうか。どちらであるかがわかりません」と尋ねています。

それに答えて、親鸞聖人は「親鸞は弟子一人ももたず」と明言されています。

なぜかと言えば、阿弥陀如来の本願の教えを十方の衆生に説いて聞かせるときは、ただ如来さまに代わって教えを伝える者としてのつとめをしているにすぎません。親鸞（聖人）は目新しい法をひろめてはいません。阿弥陀如来のみ教えを私も信じ、人にもお聞かせするばかりです。その他に何を教えたからといって弟子ということができましょう、と仰せになっています。ですから、みな同じ仲間であり、それを親鸞聖人は「御同朋《おんどうぼう》・御同行《おんどうぎょう》」と敬って表現されています。（意訳）

この「親鸞《しんらん》は弟子《でし》一人《いちにん》ももたず」（『歎異抄』第六条、『註釈版聖典』八三五頁）という親鸞聖人のおことばをふまえて、蓮如上人は各地から訪れる門徒衆に対して、

寒いときには、酒などをよく温めさせて、「道中の寒さを忘れられるように」と仰せになり、また暑いときには、「酒などを冷せ」と仰せになりました。

また、「ご門徒が京都までやって来られたのに、取り次ぎがおそいのはけしからんことだ」と仰せになり、「ご門徒をいつまでも待たせて、会うのがおそくなるのはよくない」とも仰せになりました。

（『聞書』第二百九十五条の意、『註釈版聖典』一三二八頁）

といわれています。

さらに、蓮如上人は、遠来の人びとに雑煮《ぞうに》などでもてなし、その味付けなどにも配慮するように注意されています（『本願寺作法之次第』第九十六条の意）。このような姿勢は、上述の文にもうかがえるように、すべての門徒を親鸞聖人の門徒として「御同朋・御同行」と敬われていたことによると思われます。また、身分や地位の違いを問わず、

このようにみなさんと同座するのは、親鸞聖人も、すべての世界の信心の人

はみな兄弟であると仰せになっているので、わたしもそのお言葉の通りにするのである。また、このように膝を交えて座っているからには、遠慮なく疑問に思うことを尋ねてほしい、しっかりと信心を得てほしいと願うばかりである

（『聞書』第四十条、『蓮如上人御一代記聞書（現代語版）』三四―三五頁）

ともいわれました。このようにつねに口にされるので、当時の多くの人びとに、浄土真宗は親近感をもって広く受け入れられることになります。

そして法座については、

物《もの》をいへいへと仰《おお》せられ候《そうろ》ふ。（中略）信不信《しんふしん》ともに、ただ物《もの》をいへと仰《おお》せられ候《そうろ》ふ。

（『聞書』第八十六条、『註釈版聖典』一二五九頁）

とか、

心中《しんちゅう》をば申《もう》しいだして人《ひと》に直《なお》され候《そうら》はでは、心得《こころえ》の直《なお》ることあるべからず。

（『聞書』第百六条、『同』一二六五頁）

と示されているように、当時、法座といえば、法談（法義を語る）・談合（各自がいただくみ法を語り合う）を抜いては成立しないと考えられていました。そして、それを通して〈聞く〉ことが浄土真宗の要となります。親鸞聖人は、名号のいわれを正しく聞きひらいたことが信心であると明らかにされました。蓮如上人も、

「その名号《みょうごう》をきく」といふは、ただおほやうにきくにあらず。善知識《ぜんぢしき》にあひて、南無阿弥陀仏《なもあみだぶつ》の六《む》つの字《じ》のいはれをよくききひらきぬれば、報土《ほうど》に往生《おうじょう》すべき他力信心《たりきしんじん》の道理《どうり》なりとこころえられたり。

（『御文章』三帖目第六通、『註釈版聖典』一一四五頁）

と述べられます。このことから、

ただ仏法《ぶっぽう》は聴聞《ちょうもん》にきはまることなり（『聞書』第百九十三通、『同』一二九二頁）

と、私たちの日ごろからのこころがけを強調されています。

伝統からの学び

機法一体の南無阿弥陀仏―『安心決定鈔』

蓮如上人は、若いころ、なにごとにつけても苦労が多く、灯火《ともしび》の油を買うお金もなく、安いたき木をやっと少しずつ取りよせて、その火の明かりでお聖教を読まれたようです。また、ときには月の光でお聖教を書き写されることもありました（『聞書』第百四十五条の意、『註釈版聖典』一二七七頁）。

そのような状況の中で、宗学に精力的に取り組まれたのは、

『教行信証』又は『六要抄』等、常に御覧ぜられ、又『安心決定抄』は、三部まで御覧しやぶらせられたる事候やうに、聖教等御覧ぜられ、存如上人へも法流の一儀、慇《ねんごろ》に尋まひらせられけると見え申しける。

（実悟著『天正三年記』、『浄土真宗聖典全書㈤　相伝篇下』六三六―六三七頁）

と示されているように、教学の振興に尽力された父・存如上人の指導を受けられて、研鑽に励まれたものでした。これらの書物のうち、親鸞聖人の『教行信証』は浄土真宗の根本聖典であり、『六要鈔』は存覚上人が著わされたもので、『教行信証』を解読するうえで基準にされた註釈書ですから、蓮如上人は、これら浄土真宗にとって重要な聖教を精読されたことが理解できます。

ところで、このような蓮如上人の研鑽の中で、『安心決定鈔《あんじんけつじょうしょう》』の蓮如上人の教学への影響について考えてみます。右の文中では、この書を三部も読み破るほど重視されたと記されていますが、後年にいたって蓮如上人は、

『安心決定鈔《あんじんけつじょうしょう》』のこと、四十余年《しじゅうよねん》があひだ御覧候《ごらんそうら》へども、御覧《ごらん》じあかぬと仰《おお》せられ候《そうろ》ふ。また、金《こがね》をほりいだすやうなる聖教《しょうぎょう》なりと仰《おお》せられ候《そうろ》ふ。

（『聞書』第二百四十九条、『同』一三一三頁）

と、『安心決定鈔』は四十年ばかり読んでいるが、あきることのない聖教であり黄金を掘り出すような聖教であると、この書にはとても大切なことが説かれていることを述べておられます。私たちは、その上人のおこころを受けて、著者は不明ですが『安心決定鈔』を大切な聖教として取り扱っています。

『御文章』には随所に南無阿弥陀仏（六字）の解釈が出ていることは、すでに触れていますが、その中で、

このゆゑに南無《なも》の二字《にじ》は、衆生《しゅじょう》の弥陀《みだ》をたのむ機《き》のかたなり。また阿弥陀《あみだ》仏《ぶつ》の四字《しじ》は、たのむ衆生《しゅじょう》をたすけたまふかたの法《ほう》なるがゆゑに、これすなはち機法一体《きほういったい》の南無阿弥陀仏《なもあみだぶつ》と申《もう》すこころなり。

（四帖目第十四通、『註釈版聖典』一一八七頁）

と述べられます。

このように、蓮如上人は、南無の二字は、衆生が「弥陀をたのむ」、すなわち阿弥陀如来におまかせするという意味で信心であり、阿弥陀仏の四字は、その衆生を救ってくださる法であるとされるのです。そして、衆生の信心（機）とお救いくださる法とがひとつの南無阿弥陀仏であることを、「機法一体《きほういったい》の南無阿弥陀仏」と表現され、ここに蓮如上人における「六字釈」が示されています。

ただ、

南無阿弥陀仏《なもあみだぶつ》の体《たい》は、われらをたすけたまへるすがたぞとこころうべきなり。

（『御文章』一帖目第十五通、『註釈版聖典』一一〇六頁）

といわれているように、六字全体がお救いのはたらきであるとされたり、

その他力《たりき》の信心《しんじん》といふはいかやうなることぞといへば、ただ南無阿弥陀仏《なもあみだぶつ》な

り。

（『御文章』三帖目第二通、『同』一一三七頁）

と、六字全体が信心（機）であると述べられたりしますので、私たちをお救いくださるはたらきと私たちの信心は分けることができないことがわかります。

この機法一体は、『安心決定鈔』にたびたびでてくることばで、

仏《ぶつ》の正覚《しょうがく》は衆生《しゅじょう》の往生《おうじょう》より成《じょう》じ、衆生《しゅじょう》の往生《おうじょう》は仏《ぶつ》の正覚《しょうがく》より成《じょう》ずる

（『註釈版聖典』一三九四頁）

と説かれ、また、

十方衆生《じっぽうしゅじょう》の願行円満《がんぎょうえんまん》して、往生成就《おうじょうじょうじゅ》せしとき、機法一体《きほういったい》の南無阿弥陀仏《なもあみだぶつ》の正覚《しょうがく》を成《じょう》じたまひしなり。

（『同』一三八三―一三八四頁）

として、衆生の往生と仏の正覚（さとり）がひとつとして完成されていることを「機法一体の南無阿弥陀仏」とされるのです。

また『安心決定鈔』では、衆生の迷いごころと仏の功徳がひとつであること（『註釈版聖典』一三九一頁）や、衆生の三業《さんごう》と仏の三業とがひとつであること（『同』一三九三―一三九四頁）が、機法一体とされています。これは、衆生が口に阿弥陀仏のみ名を称え、身で阿弥陀仏を礼拝し、意（こころ）で阿弥陀仏を念じると、阿弥陀仏はそれを聞かれ、見られ、お知りになるというのです。蓮如上人は、この書物から機法一体について学ばれ、衆生の信心と仏の救いのはたらきがひとつであることを強調され、それを『御文章』で繰り返し述べておられます。

蓮如上人が詠まれたとされる歌に、

たのませて　たのまれたまふ　弥陀なれば　たのむこゝろも　われとおこらず

（『蓮如上人和歌集成』、『浄土真宗聖典全書㈤　相伝篇下』一〇九七頁）

があります。如来をたのみ、まかせきれる信心は、「われをたのめ」とたのませて、たのむこの私をひきうけてくださる、阿弥陀如来が起こしてくださったもので、私のこころから起こしたものではないのです。このことを、機法一体は明らかにしてくださっています。

「たのむ」人生―『親鸞聖人御消息』と『御文章』

蓮如上人が「御文章」を書かれた背景には、親鸞聖人の「御消息」があると思われます。親鸞聖人は、東国における二十年の伝道に区切りをつけられ京都に帰られますが、引き続き門弟たちには、「御消息」（お手紙）にも、

この文《ふみ》をもつて、ひとびとにもみせまゐらせさせたまふべく候《そうろ》ふ。

（『親鸞聖人御消息』第二十三通、『註釈版聖典』七八一頁）

と追記されるように、「御消息」によって多くの人びとに真実の教えを伝え続けられました。蓮如上人も、「くわしくたずねたら、むしろ御文章をとのぞんだので、これを書いた。みながこれをみてほしい」(『御文章集成』、『浄土真宗聖典全書㈤相伝篇下』三三六頁、意訳)と記されています。簡潔な文章をこころがけて教えを記して門徒に与えられ、門徒が集う処でこれを読みきかせるようにされました。これら、お手紙をもって教化された親鸞聖人と蓮如上人との関連に注目してみます。

一例を挙げれば「あなかしこ」です。「御文章」の文末に記されているこの表現は、『帖内御文章』第八十通では、ただ一通を除いて他のすべてに、さらに『帖外御文章』の各通でも数多く用いられています。このことは、『御文章』に先立つ親鸞聖人の『御消息』において、たびたび依用《えよう》されていることに基づいていると考えられます。意味するところは、手紙の末尾に用いて敬意をあらわす語と受けとれます。『親鸞聖人御消息』の「あなかしこ」の訳語については「謹んで申しあげます」（『親鸞聖人御消息　恵信尼消息（現代語版）』による）と理解しておきたいのですが、「御文章」では蓮如上人のより強い感情が込められているように思えます。

ところで『御文章』では、ご法義の要となる箇所で「たのむ」のことばや、また「たすけたまへ」の表現が目立ちます。たとえば、ご法座に参拝された多くの方々が、講師からの「肝要は拝読の御文章」ということばとともに、しばしば耳にされる〈末代無智の章〉では、

末代無智《まつだいむち》の在家止住《ざいけしじゅう》の男女《なんにょ》たらんともがらは、こころをひとつにして阿弥陀《あみだ》仏《ぶつ》をふかくたのみまゐらせて（五帖目第一通、『註釈版聖典』一一八九頁）

と述べられています。

そこで、まず「たのむ」を取りあげます。現代語として考えれば、「子どもに

買い物をたのむ」のようにお願いするという意味で使うのが一般的です。この感覚で、「どうか助けてくださいと阿弥陀仏にお願いする」と受け取ってしまうと、浄土真宗の教えとは異なることになってしまいます。親鸞聖人によって確立された教えは、私たちの方から阿弥陀如来にお願いしていくのではなくて、逆に、阿弥陀如来から私たちへのおはたらきをいただくものです。親鸞聖人や蓮如上人の時代にあっては、「たのむ」とは「信頼する、たよる、あてにする」という意味が中心であり、『御文章』でもこの意味で用いられているとみなければなりません。

すでに『親鸞聖人御消息』においては、

もとより行者《ぎょうじゃ》のはからひにあらずして、南無阿弥陀仏《なもあみだぶつ》とたのませたまひて、迎《むか》へんと

（第十四通、『註釈版聖典』七六九頁）

とか、

それにつけても念仏《ねんぶつ》をふかくたのみて　（第二十五通、『同』七八四頁）

など、いくつもの用例があります。とくに『教行信証』行文類にある南無阿弥陀仏の六字の解釈では、「帰説《きえつ》」の左に「よりたのむなり」（『註釈版聖典』一七〇頁、脚註）という仮名がつけられています。また『同』信文類では、

ここをもつて、いま大聖《だいしょう》（釈尊）の真説《しんせつ》によるに、難化《なんげ》の三機《さんき》、難治《なんち》の三病《さんびょう》は、大悲《だいひ》の弘誓《ぐぜい》を憑《たの》み、利他《りた》の信海《しんかい》に帰《き》すれば　（『註釈版聖典』二九五頁）

（このようなわけで、いま釈尊の真実の教えによると、救われがたい五逆・謗法・一闡提《いっせんだい》のもの、すなわち、治しがたい重病人とたとえられたものも、阿弥陀仏の大いなる慈悲の誓願にまかせ、他力回向の信心に帰すれば『顕浄土真実教行証文類（現代語版）』三二〇頁）

と示されています。そのほか『唯信鈔文意』には、

本願《ほんがん》他力《たりき》をたのみて自力《じりき》をはなれたる、これを「唯信《ゆいしん》」といふ。

（『註釈版聖典』六九九頁）

など、親鸞聖人が他力の信心を「たのむ」の表現をもって使われていますので、蓮如上人もこれを受け継がれ、『御文章』の中で多用されることになったと考えることができます。

「たのむ」の語句に関して先人の種々の解釈がありますが、その中に「た」は語調を整え強め、「のむ」は飲むとあります。飲み物をゆったりと味わって飲めることは、それを与えてくださる方にたいする全幅の信頼があるからです。どのようないきさつを経て提供されたかわからない飲み物には、不安がよぎることになります。「阿弥陀仏をたのむ」ことでやすらぎの生活が願われています。

蓮如教学の特徴

蓮如上人の無常観

数多い『御文章』の中で世間一般に最もよく知られているのは、〈白骨章〉（五帖目第十六通、『註釈版聖典』一二〇三－一二〇四頁）でしょう。それは、葬儀や中陰の仏事などでたびたび拝読されているからにほかなりません。

『浄土真宗本願寺派葬儀規範』（浄土真宗本願寺派勤式指導所編）でも、還骨勤《かんこつごん》行《ぎょう》の次第《しだい》の中で、

御文章拝読　「白骨章」（五帖第一六通）　（五三頁）

と記されているように、火葬場から遺骨を持ち還《かえ》った際には、還骨勤行をおつとめして〈白骨章〉を拝読することになっていますが、現実にはそれだけに限らず、

臨終勤行や通夜勤行《つやごんぎょう》においても〈白骨章〉が拝読される場合があるようです。いずれの場合でも、身近な人の死を通して人間の無常の相を知らされ、「後生の一大事」といわれるように、一人ひとりがはやく阿弥陀如来に帰して念仏申す身となるようにと、勧めてくださっていると受けとめることが大切です。

この「御文章」の成立には諸説がありますが、真偽のほどは別にして、その一説が興味深いので紹介します。

大坂御堂の世話をよくしていた久次郎という人は、他宗派に属していて門徒ではありませんでしたが、蓮如上人も特別に懇意にされていました。久次郎は、八人の子どもをつぎつぎと失って、ことのほか妻が嘆くので、そのことを上人に申しあげたところ、この「御文章」を書いてくださいました。これが縁となって、久次郎は浄土真宗の僧侶となって御堂に仕えました。このような経緯があるために、この「御文章」は他宗派の人に配慮して、初めから長く、ただ無常のことのみとされ、最後のところで一言、真宗の法義を示されているように思えます。（深励《じんれい》著『御文略解《おふみりゃくげ》』、趣意）

葬儀は、親族・知人などといった、幅広く、また数多くの人びとが集まる仏縁の場です。実際の葬儀では、参列者の宗教もいろいろです。その場において、〈白骨章〉の、

いまだ万歳《まんざい》の人身《にんじん》を受《う》けたりといふことをきかず、一生過《いっしょうす》ぎやすし。（中略）われや先《さき》、人《ひと》や先《さき》、今日《きょう》ともしらず、明日《あす》ともしらず、（中略）朝《あした》には紅顔《こうがん》ありて夕《ゆうべ》には白骨《はっこつ》となれる身《み》なり。

ということばを耳にすると、別離の悲しみを共にする中で、だれもが無常の想いにひたることになります。このようなことから、〈白骨章〉が葬儀の場にふさわ

しいということで、受け継がれてきたと考えられます。

蓮如上人が「御文章」を書かれるのは、報恩講の折に、また坊舎の建立に際して、また妻子や身近な人の死を縁にされることもあり、それらに重ねて自らにことよせて無常観を随所で強調されています。その一例を挙げますと、上人六十三歳（文明九年）の作では、

秋《あき》も去《さ》り春《はる》も去《さ》りて、年月《としつき》を送《おく》ること、昨日《きのう》も過《す》ぎ今日《きょう》も過《す》ぐ。いつのまにかは年老《ねんろう》のつもるらんともおぼえずしらざりき。しかるにそのうちには、さりとも、あるいは花鳥風月《かちょうふうげつ》（春は花鳥を、秋は風月を楽しむ）のあそびにもまじはりつらん。また歓楽苦痛《かんらくくつう》の悲喜《ひき》にもあひはんべりつらんなれども、いまにそれともおもひいだすこととてはひとつもなし。ただいたづらに（むなしく）あかし、いたづらにくら《（暮）》して、老《お》いの白髪《しらが》となりはてぬる身《み》のありさまこそかなしけれ。されども今日《きょう》までは無常《むじょう》のはげしき風《かぜ》にもさそはれずし

て、わが身《み》ありがほ（いかにも自分は死とは無縁であるかのように思っていること）の体《てい》をつらつら案《あん》ずるに、ただ夢《ゆめ》のごとし、幻《まぼろし》のごとし。いまにおいては、生死出離《しょうじしゅつり》（迷いの世界をのがれ出る）の一道《いちどう》ならでは、ねがふべきかたとてはひとつもなく、またふたつもなし。

（四帖目第四通、『註釈版聖典』一一六七頁、括弧内引用者）

と、長文の無常観が示されています。さらに、

当時《とうじ》において、年《とし》五十六《ごじゅうろく》まで生《い》き延《の》びたらん人《ひと》は、まことにもつていかめしき（なみなみでない）ことなるべし。

（四帖目第二通、『同』一一六三頁、括弧内引用者）

といわれ、そのとき六十三歳のご自身を感慨深く受けとめておられます。

先の四帖目第四通では、引き続いて、いま阿弥陀如来の本願に遇うことのできたよろこびを語られ、浄土真宗のご法義の要である信心正因・称名報恩を、三首の詠歌をもって述べておられます。これらの三十一文字からなる歌をなんどもゆっくり詠んでいると、おのずからお念仏が口からこぼれでてきます。

ひとたびもほとけをたのむこころこそ　まことののりにかなふみちなれ
つみふかく如来《にょらい》をたのむ身《み》になれば　のりのちからに西《にし》へこそゆけ
法《ほう》をきくみちにこころのさだまれば　南無阿弥陀仏《なもあみだぶつ》ととなへこそすれ
（『御文章』四帖目第四通、『註釈版聖典』一一六八頁）

「たすけたまへとたのむ」―祈願の否定―

蓮如上人の『御文章』によるご教化の業績については、広く知られています。

その述作の状況をみますと、寛正二（一四六一）年三月、四十七歳のときの〈筆始めの御文章〉から、北国の吉崎へ旅立たれる文明三（一四七一）年四月までに書かれた「御文章」は、その時期が判明できるものでは『帖内御文章』には見当らず、『帖外御文章』にわずか数通があるにすぎません。それに対して、吉崎時代とその後の数年間には百通を超える「御文章」が著わされています。

内容的には、当初は吉崎への参拝を勧めるものが目立ちますが、文明五（一四七三）年以降は、吉崎への参集を抑制するものや門徒に対する掟を定められたものがみられます。この背景には、急激に増加する参拝者とそれに伴って拡大していく組織を統率するうえでの問題が浮上してきたことをうかがわせます。そのような状況のもとで、蓮如上人は、「御文章」によって、なによりもご法義の乱れを厳しくいましめなければならなかったことが推察できます。

『御文章』では、他力の信心が「たのむ」ということばをもって頻繁に表現されていますが、つぎに、この用語と密接に関連する「たすけたまへ」という表現を中心に考えてみることにします。

最初に触れましたように、『聞書』によりますと、親鸞聖人の教えでは「たのむ一念」が最も大切である。だから「たのむ」ということを代々の上人方も示してこられたのであるが、人々はどのようにたのめばよいのかを詳しく知らなかった。そこで蓮如上人が『御文章』を著わされて、「雑行をすてて後生たすけたまへと一心に弥陀をたのめ」と明らかに示してくださった、と記されています。（第百八十八条の意、『註釈版聖典』一二九〇頁）

この「たすけたまへ」という表現は、五帖八十通の『帖内御文章』においては二十五通二十九カ所で見られ、最初は少なく、後のものほど多く使用されていま す。またその表記においては、「たすけたまへと信ず」（二カ所）、「たすけたまへとおもふ（ひ）」（六カ所）、「たすけたまへとまうす」（八カ所）、「たすけたまへとたのむ」（十三カ所）など後に続くことばに違いはありますが、それによって「たすけたまへ」の解釈が異なることはありません。これらのことを考慮したうえで、蓮如上人は「たすけたまへとたのむ」という表現をもって、浄土真宗の正しい信心をお勧めくださったと受け取ることができます。

ここでは、吉崎時代に記された二帖目第十三通を取りあげます。この一通では、増加する門徒の中に掟に背いて他宗や世間に浄土真宗の教えをふりまわして、そのことがわが宗の名誉になると心得違いをしている人々をいましめ、それにつけて正しい信心と報謝を勧められています。

その信心の一段で、

つぎに当流《とうりゅう》の安心《あんじん》のおもむきをくはしくしらんとおもはんひとは、あながちに智慧《ちえ》・才学《さいかく》もいらず、男女《なんにょ》・貴賤《きせん》もいらず、ただわが身《み》は罪《つみ》ふかきあさましきものなりとおもひとりて、かかる機《き》までもたすけたまへるほとけは阿《あ》弥陀如来《みだにょらい》ばかりなりとしりて、なにのやうもなく（少しもはからいをまじえず）、ひとすぢにこの阿弥陀《あみだ》ほとけの御袖《おんそで》にひしと（しっかりと）すがりまゐらするおもひをなして、後生《ごしょう》をたすけたまへとたのみまうせば、この阿弥陀《あみだ》如来《にょらい》はふかくよろこびましまして、その御身《おんみ》より八万四千《はちまんしせん》のおほきなる光明《こうみょう》を放《はな》ちて、その光明《こうみょう》のなかにそのひとを摂《おさ》め入《い》れておきたまふべし。

（『註釈版聖典』一一二八—一一二九頁、括弧内引用者）

と述べておられます。

この文中の「後生をたすけたまへとたのみまうせば」の「たのみ」は、依頼するというお願いの意ではなくて、「たよりにして」とか「おまかせして」の意ですから、「たすけたまへ」も「お助けください」とお願いすることではないのです。なにより阿弥陀如来の本願は、私たちに「必ず救う、われにまかせよ」と喚びかけてくださっているのですから、「たすけたまへ」とは、私たちがご本願を受け入れて素直にしたがうあり様を示すもので、「どうぞお救いになってください」という意味になります。したがって、「後牛をたすけたまへとたのみまうせば」

は「後生は必ず救われるとおまかせすれば」と表現することができます。

まとめてみますと、蓮如上人が『御文章』で数多く使用される「たのむ」と「たすけたまへ」は、おたすけくださいとお願いしたり、お祈りする意味ではないということです。どこまでも阿弥陀如来の喚びかけを受けて、「おまかせいたします。どうぞ、おこころのままになさってください」と頭がさがるばかりです。

他力信心と「五重の義」

宗祖・親鸞聖人から百五十年ほど後にでられた蓮如上人の時代になりますと、親鸞聖人の教えとは異なる信心の理解（異安心）が起こっていました。上人はこの異安心を正すために、多くの『御文章』を書いておられます。

ところで、この「安心」という語は、善導大師の『往生礼讃』に基づいています。安心の「安」については「しずか、おちつく、さだまる」の意味がありますので、それは阿弥陀仏の本願のはたらきによって、めぐまれるこころです。そこで、安心と信心とはことばのひびきは違っていても、同じことをいっていると考えられます。

親鸞聖人の教えを学ぶには、ご安心が要となります。もし教えを受ける人がそれぞれにご安心が異なるようでは、親鸞聖人と一味《いちみ》の安心でないことになり、それは浄土真宗の他力信心とは違ったものとなります。私たちの信心が真実にかなっているかどうかは、阿弥陀如来のみが知られるところといえますが、私たちは親鸞聖人のお聖教にもとづき、歴代のご門主や学僧方の指南によって、誤ることなく真実信心を得ることに努めなければなりません。

ところで、『御文章』二帖目第十一通では、蓮如上人時代の誤った見解、とくに「十劫安心」と「善知識だのみ」の異安心を正すために、上人は正しい信心獲得について「五重の義」をもって示しておられます。そこでは、まず「十劫安心」について、

十劫正覚《じっこうしょうがく》のはじめよりわれらが往生《おうじょう》を弥陀如来《みだにょらい》の定《さだ》めましましたまへることをわすれぬがすなはち信心《しんじん》のすがたなり

（『註釈版聖典』一一二六頁）

と、阿弥陀如来は十劫の昔に私たちの往生を決めてくださったことを知っていても、他力の信心のいわれをこころえていなければ浄土に往生することはできない、と誡められます。さらに「善知識だのみ」について、ある人のことばとして、

たとひ弥陀《みだ》に帰命《きみょう》すといふとも善知識《ぜんぢしき》なくはいたづらごとなり、このゆゑにわれらにおいては善知識《ぜんぢしき》ばかりをたのむべし

（同頁）

と示され、善知識のない人は当流の信心を得た人とはいえないとされています。

そして本来、善知識の役目とは、「一心一向《いっしんいっこう》に弥陀《みだ》に帰命《きみょう》したてまつるべし」（同頁）と人に勧めるだけのことであるとされたうえで、五重の義がたてられていま

す。それらは、

①宿善《しゅくぜん》

②善知識

③光明

④信心

⑤名号

で、これらの五つがそろっていないと往生はできないとされます。

少し説明しますと、宿善とは、他力の信心をめぐまれるまでの因縁としての過去の善根をいいます。また善知識とは、阿弥陀如来の本願を伝え導いてくださった方のことで、釈尊や七高僧、歴代宗主など、すべての方を意味します。一方、「善知識だのみ」は、私に直接ご法義をさずけてくださった方だけをあがめることで、それが問題となるのです。そして光明と信心です。光明のはたらきには、私たちを照らして他力の信心をはぐくむはたらき（照育《しょういく》）と、信心をめぐまれた私たちを、その光明の中に摂め取って浄土に往生させてくださるはたらき（摂取）とがあります。もちろん、信心とは第十八願で示される信心です。そして、ここでは名号は信心の後におかれていますので、信後には必ず名号が称名念仏として出てくることをいいます。これらを五重というのは、順次に前をうけて後が成立するということを意味しているからです。

さらに、

この五重《ごじゅう》の義《ぎ》、成就《じょうじゅ》せずは往生《おうじょう》はかなふべからずとみえたり。

（『註釈版聖典』一一二六―一一二七頁）

とありますので、この五つがそろわないと往生はできないとあります。

浄土真宗の教えにおいては、親鸞聖人が、

涅槃《ねはん》の真因《しんいん》はただ信心《しんじん》をもつてす。

（『教行信証』信文類、『註釈版聖典』二二九頁）

と明らかにされています。親鸞聖人は、信心ひとつでの救いを説かれていますし、蓮如上人も、信心が最も大切であることを随所でのべておられます。いまここで、五つそろわないと救われないと説かれているのは、他力の信心が成立するのは宿善・善知識・光明があってのことですし、また他力の信心は、信後に必ず念仏（ここでは名号）をともなう信心ですから、つまり五つは信心ひとつにおさまることになります。

蓮如上人が、ここで五重の義を説かれるのは、上述の『御文章』にみられる「十劫安心」と「善知識だのみ」を誡めることを意図されていたからです。「十劫安心」

には、宿善などのさまざまな因縁が顧慮されていません。また「善知識だのみ」は、特定の善知識だけを大切にして、救い主である阿弥陀如来への帰命がおろそかになります。いつの時代にも心しておきたいことです。

「聞く」ことの大切さ

最後に、浄土真宗を学び聴聞を重ねるうえで大切にしなくてはならないことに、蓮如上人のことばから触れておきましょう。その指針となるものとして、先にも触れておりますが、

一宗《いっしゅう》の繁昌《はんじょう》と申《もう》すは、人《ひと》のおほくあつまり、威《い》のおほきなること（勢力の大きいこと）にてはなく候《そうろ》ふ。一人《いちにん》なりとも、人《ひと》の信《しん》をとるが、一宗《いっしゅう》の繁《はん》昌《じょう》に候《そうろ》ふ。

（『聞書』第百二十一条、『註釈版聖典』一二七一頁）

という蓮如上人のことばを、私たちは忘れてはなりません。蓮如上人は、ご自身の精力的な活動によって、吉崎御坊や後に建てられた山科本願寺に多数の人々が集まってくるようすをまのあたりにされながらも、それらの中にどれほどの人が真実信心を得ているることかと、憂慮されているのです。

また、蓮如上人が歯の痛みで苦しんでおられたとき、ときおり目を閉じ、「ああ」と声を出されました。そこで、周りの人が心配すると、「人びとに信心がないことを思うと、わが身を切り裂かれるように悲しい」と口にされた、と伝えられています（『聞書』第百十一条の意訳、『註釈版聖典』一二六七頁）。蓮如上人は、このほかにも随所で信心のない人のことを歎いておられます。

それだけに、どのように言えば他力信心を受け入れてもらえるかとこころを砕かれ、信心を「たのむ」「たすけたまへとたのむ」という和語の表現をもって示されることになります。これらについてもすでに触れてきましたが、大切なことは、「たのむ」とは、私たちが阿弥陀仏にお願いをしたり、要求したりする意味ではなくて、「必ず救う」という本願招喚の勅命にまかせ、したがう意味で使われていることです。

そのことを明らかにしているのが、第十八願成就文の、

あらゆる衆生《しゅじょう》、その名号《みょうごう》を聞《き》きて信心歓喜《しんじんかんぎ》せんこと、乃至一念《ないしいちねん》せん。

（『註釈版聖典』四一頁）

と示される『無量寿経』のことばです。親鸞聖人はこれを解釈されて、

しかるに『経《きょう》』（大経・下）に「聞《もん》」といふは、衆生《しゅじょう》、仏願《ぶつがん》の生起《しょうき》本末《ほんまつ》を聞《き》きて疑心《ぎしん》あることなし、これを聞《もん》といふなり。「信心《しんじん》」といふは、すなはち本願力回向《ほんがんりきえこう》の信心《しんじん》なり。

（『教行信証』信文類、『同』二五一頁）

と記されています。この文から、阿弥陀仏は、法蔵菩薩のときに迷い続ける私のために本願を起こされ、その本願を実現するために、長い間、思いをめぐらせ修行を重ねて、いま阿弥陀仏となって、私を喚びつづけてくださっていることがわかります。そして、そのいきさつの一部始終を聞いて疑いのこころがないことを「聞」といい、さらには「信心」とは阿弥陀仏の本願力より与えられた信心であるということに、気づかされます。『一念多念文意』では、上述の第十八願成就文の「その名号を聞きて」をうけて、

本願《ほんがん》の名号《みょうごう》をきくとのたまへるなり。きくといふは、本願《ほんがん》をききて疑《うたが》ふこころなきを「聞《もん》」といふなり。またきくといふは、信心《しんじん》をあらはす御《み》のりなり。

（『註釈版聖典』六七八頁）

とあります。このことによって、浄土真宗における聞くことと信心との関係は「聞

即信」と表現され、聞くことがそのまま信心であり、聞のほかに信はないことが明らかにされているのです。

また蓮如上人はこのことをふまえて、聴聞が大切であることをいつも口にされ、『聞書』においては、

いかに不信《ふしん》なりとも、聴聞《ちょうもん》を心《こころ》に入《い》れまうさば、御慈悲《おじひ》にて候《そうろ》ふあひだ、信《しん》をうべきなり。ただ仏法《ぶっぽう》は聴聞《ちょうもん》にきはまることなりと云々《うんぬん》。

（第百九十三条、『註釈版聖典』一二九二頁）

仏法《ぶっぽう》には世間《せけん》のひまを闕《か》きてきくべし。世間《せけん》の隙《ひま》をあけて法《ほう》をきくべきやうに思《おも》ふこと、あさましきことなり。仏法《ぶっぽう》には明日《あす》といふことはあるまじきよしの仰《おお》せに候《そうろ》ふ。

（第百五十五条、『同』一二八〇頁）

ということばが強くひびきます。この後の文では、仏法は日常の仕事や用事をさしおいて聞くべきであって、それらを済ませて時間をとって仏法を聴聞しようと思うことがあれば、それはなげかわしいことである、とおっしゃっています。その上で、仏法には明日ということはあってはならないという厳しいいましめが書かれており、そのことを私自身のこととして深く受け取らせていただきます。

み法《のり》をよろこび、お念仏の生涯を過ごした赤尾《あかお》の道宗《どうしゅう》が、「同じおことばをいつも聴聞しているが、何度聞いても、はじめて耳にするかのようにありがたく思われる」（『聞書』第百三十一条の意訳）といったことを味わい続けたいものです。

おわりに（刊行にあたって）

本書は、「はじめに」でも触れられているように、中央仏教学院通信教育部編集の月報『学びの友』に連載された講座を、整理し発刊するものです。

浄土真宗を理解しようとする際にはさまざまなきっかけが考えられますが、時には浄土真宗の根本聖典である「浄土三部経」から、あるいは歴史的には本願寺の成立過程から、あるいは今日の浄土真宗本願寺派の教学的背景となっている蓮如教学からといった学びが、その契機として考えられるでしょう。これら三人の著者による浄土教理史・真宗史・真宗教義学といった各専門分野からのアプローチは、それぞれに浄土真宗への関心を呼び起こし、仏教の深遠な世界を垣間見せてくださる内容となっています。

本書の出版によって、浄土真宗がより身近なものとなり、さらなる学びを深めていただくきっかけとなることを願ってやみません。

本願寺出版社

著者紹介

大田　利生（おおた・りしょう）

一九四二年生まれ。龍谷大学名誉教授。本願寺派勧学。広島県江田島市・大行寺住職。

著　書

『無量寿経の研究　思想とその展開』『観経正宗分散善義講讃』（永田文昌堂）、『いのちの栞　泥の中に咲いた花』『浄土真宗やわらか法話1』〈共著〉（本願寺出版社）、他。

岡村　喜史（おかむら・よしじ）

一九六二年生まれ。本願寺史料研究所研究員。武蔵野大学講師。中央仏教学院講師。

著　書

『蓮如　畿内・東海を行く』（国書刊行会）、『誰も書かなかった親鸞』〈共著〉（法藏館）、『西本願寺への誘い―信仰がまもり伝えた世界文化遺産―』『日本史のなかの親鸞聖人―歴史と信仰のはざまで―』『絵物語　親鸞聖人御絵伝―絵で見るご生涯とご事蹟―』〈監修〉（本願寺出版社）、他。

清岡　隆文（きよおか・りゅうぶん）

一九四〇年生まれ。元中央仏教学院講師、元龍谷大学教授。大阪府吹田市・大光寺前住職。

著　書

『法雨つれづれ』（百華苑）、『大悲心を学ぶ』『やさしく語る親鸞聖人伝』〈共著〉（本願寺出版社）、他。

救いの源流―浄土真宗の教えと本願寺―

2020年2月1日　第1刷発行

著　者　大　田　利　生
岡　村　喜　史
清　岡　隆　文

発　行　本願寺出版社
〒600-8501
京都市下京区堀川通花屋町下ル
浄土真宗本願寺派（西本願寺）
TEL075-371-4171　FAX075-341-7753
http://hongwanji-shuppan.com/

印　刷　株式会社 図書印刷 同朋舎

BD02-SH1-①20-02　C3015　ISBN978-4-86696-004-3